以中文母语者为对象的
日语声调指导法研究

中国語母語話者を対象とした
日本語アクセントの指導法の研究

崔春福　著

西南交通大学出版社
·成　都·

图书在版编目（CIP）数据

以中文母语者为对象的日语声调指导法研究 / 崔春福著. --成都：西南交通大学出版社，2024.12.
ISBN 978-7-5774-0293-2

Ⅰ.H361

中国国家版本馆 CIP 数据核字第 2024GL3603 号

Yi Zhongwen Muyuzhe wei Duixiang de Riyu Shengdiao Zhidaofa Yanjiu
以中文母语者为对象的日语声调指导法研究

崔春福 著

策划编辑	胡 军 秦 薇
责任编辑	吴启威
封面设计	王 可
出版发行	西南交通大学出版社 （四川省成都市金牛区二环路北一段 111 号 西南交通大学创新大厦 21 楼）
营销部电话	028-87600564　028-87600533
邮政编码	610031
网　　址	https://www.xnjdcbs.com
印　　刷	成都蜀通印务有限责任公司
成品尺寸	170 mm × 230 mm
印　　张	10
字　　数	193 千
版　　次	2024 年 12 月第 1 版
印　　次	2024 年 12 月第 1 次
书　　号	ISBN 978-7-5774-0293-2
定　　价	58.00 元

图书如有印装质量问题　本社负责退换
版权所有　盗版必究　举报电话：028-87600562

前書き

　中国語母語話者に日本語を教える時、学習者が会話でアクセントを間違えた際、その間違った箇所を指摘するのは簡単だが、その理由を学習者に明らかに説明するのはかなり難しい。そこで、どう指導すれば、学習者にアクセントのことを理解しやすくなるのかと強く興味を持ち、中国語母語話者を対象とした効果的な日本語アクセント指導法について研究をし始めた。

　研究を深めていくうちに、日本語教授法の中で、「言聴聴覚論」及びそれを基礎とする「VT法（Verbo-Tonal Method）」に出会った。

　「VT法」とは、「声調-聴覚理論（Verbo-Tonal System）」に基づく音声教育法である。この理論は、言語を一つの全体として捉え、聴覚、視覚、身体運動の連続性の観点から言語活動を理解しようとするものだ（Gubelina, 1981）。

　「VT法」は特に、身体全体が感受器官としても伝達器官としても機能することを強調する。この方法では、全身の動き（マクロモーション）を通じて発音器官の動き（ミクロモーション）を導くことができると考えている。

「VT法」と比べ、来日前接触した日本語アクセントの指導は、主にカセットテープを利用し、機械的に聴く訓練であったため、生徒に学習意欲を喚起せず、実践を通じて、さらに退屈感を持たせる欠点もあったと思われた。これに対して「VT法」は、発音の習得を言語の全体構造の枠組みで捉える視点を持っているという点でユニークであり、他の教授理論が音調上の特徴まで含めた発音指導を行うのに有効なアイデアを欠いているのに対して、それを補ってくれる方法だと思われた。

　しかし、日本語教育における「VT法」の研究においては、方法論を述べたものが多く、学習者は「VT法」の授業をどう感じているのか、実際に学習効果があるのかということについての報告は少ない。本書は、中国語母語話者を対象とした「VT法」によるアクセント指導を行い、学習者がどういった感想、意見を持つのか、学習効果はあるのかということを明らかにすることとした。「VT法」の指導効果を検証するために、中国語母語話者を二つのグループに分けて、一つのグループには「VT法」によるアクセント指導を行い、もう一つのグループにはアクセントを図示する従来の指導法を用いてアクセント指導を行った。二つのグループの指導前後における得点を比較することにより、「VT法」の指導効果を比較検証した。

　これまでの日本語アクセント指導法に関する著作に比べ、本書の特徴は、以下の3点に集約できる。

　（1）日本語のアクセントは、日本語学習の基礎的な内容であり、良好なコミュニケーション能力と聴解力を養うために重要な役割を果たしている。これまで、中国の日本語学習者はアクセントの学習をあまり重視しておらず、これが中国の日本語学習者のコミュニケーション能力と聴解能力が効果的に向上しない重要な理由の一つとなる。本書は、著者が長年にわたって教育の現場で得た経験、観察、および実証的な検証に基づいている。国内外の言語教育における音声教育およびアクセント教育を比較し、日本語と中国語のアクセントの特徴に着目し、中国語母語話者の日本語アクセントの誤用について分析し、教師としてアクセントを

指導する時の注意点及び学習者としてのアクセント意識の養うについて提案している。

（2）本書は、音声教育における、日本語アクセント教育の重要性について、日本国外及び日本国内における展開されていたアクセント教育という二つの視点から、その現状と問題点について考察した。そこで、アクセントの重要性を強調するに加えて、アクセントの聞き取りや発声のストラテジー、およびアクセントの導入時期、使用頻度などについて、具体的な論拠の提示とともに考察した。これによって、本書は、音声教育における日本語アクセント教育に対して極めて有効な知見をもたらすことができたと考えられる。

（3）本書は、中国語母語話者を対象として、日本語の複合語と単一語のアクセント指導において、「VT法」と従来の日本語アクセント指導法の効果を理論と実践で検証した。そこで、従来のアクセント指導法に比べて「VT法」の効果は大きく見取られていないが、早ければ早いほどアクセント教育をしたほうが、学習者のアクセント意識の養い、及びアクセント習得に大きな役割を果たせるということを判明した。また、実験に参加した被験者たちは、日本語能力が初級・中級レベルの人であり、もしかすると日本語の知識がほとんどない、学習初期段階である学習者に対して、効果が著しくなるという推測があった。言語理論および教育理念に基づく先行研究について、幅広い分野からの考察を踏まえた。

前言

在对中文母语者开展日语教学的过程中,当学习者于对话里出现声调错误时,指明错误之处较为轻松,然而,向学习者清晰阐释其缘由却颇具难度。故而,我对于采取何种指导方式能够让学习者更易于理解日语声调萌生了浓厚兴趣,进而着手探究针对中文母语者的高效日语声调指导法。

随着研究的深入,我在日语教学法中接触到了"言听听觉论"以及以此为基础的"VT法(Verbo-Tonal Method)"。"VT法"是一种基于"声调-听觉理论(Verbo-Tonal System)"的语音教学方法,该理论将语言视为一个整体,并试图从听觉、视觉和身体运动的连续性方面来理解语言活动(Gubelina,1981)。"VT法"特别强调,整个身体既可以作为感受器官,也可以作为传达器官发挥作用。它认为可以通过全身的运动(宏观运动)来引导调音器官的运动(微观运动)。

赴日本前接触的日语声调指导法主要利用磁带、光盘等声音教材进行机械的听力训练,通过实践发现该方法有易使学习者失去兴趣的缺点。与此相对,"VT法"的独特之处在于,它从语言的整体构造的框架中捕捉发音的学习法,相比其他教授理论,在涵盖音调特征的发音指导方面欠缺有效的构想,此方法被视作能够对其加以补足。

然而,日语教育中有关"VT法"的研究里,对方法论加以阐述的内容居多,而关于学习者对于"VT法"授课的感受,以及实际是否具备学习效

果的报告却较少。本书以中文母语者作为研究对象，借助"VT法"开展口音指导，明晰学习者存在怎样的感想与意见，以及学习效果究竟如何。为对"VT法"的指导效果予以验证，我们将母语为中文的人员划分成两组，其中一组运用"VT法"实施音调指导，另一组采用传统的指导方式，即使用图示音调来进行音调指导，并展开了相应的引导。通过对比两组在指导前后的得分情况，我们对"VT法"的指导效果进行了比较验证。

相较于迄今有关日语声调指导法的著作，本书的特征能够归结为以下三点。

（1）日语声调是日语学习的基础性内容，对于培养良好的口语和听力能力具有重要作用。一直以来中国的日语学习者对声调的学习不够重视，在一定程度上来说，这是中国日语学习者口语和听力水平得不到有效提高的重要原因之一。本研究基于作者长年在教学一线的经验、观察和实证检验，在对比国内外语言教育中的语音教育及声调教育的基础上出发，着眼于日语的整体构造框架，强调了日语声调教育的重要性，并提出肢体动作等改进教学方法。

（2）本书以日本国外及日本国内的口音教育这两个视角为切入点，对语音教育中日语口音教育的重要性、现状及问题点展开了考察。故而，在着重强调声调重要性的前提下，针对重音的听与发声策略，以及重音的导入时期、使用频率等方面，提出了具体的论据并予以考察。由此，本书为语音教育中的日语重音教育带来了极具成效的见解。

（3）本书以中文母语者为对象，就日语复合语与单语的语调指导层面，从理论及实践双重角度对"VT法"和传统日语语调指导法的成效予以了验证。由此，相较于以往的声调指导法，"VT法"的成效未被高估，越早开展声调教育，对于学习者声调意识的培育以及声调学习就越能够发挥出更大的效用，这一点已被明确。另外，参与此次实验的被实验者均为日语能力处于初级和中级水平之人，对于几乎毫无日语知识、处于学习初始阶段的学习者而言，其效果或许会更为显著。本书基于语言理论和教育理念的既有研究，在广泛领域展开考察。

目次

1 　序論　1
　　1.1　研究の目的　/2
　　1.2　研究の動機　/2

2 　中国語と日本語のアクセントの相違　6
　　2.1　中国語（標準語）の四声　/7
　　2.2　日本語のアクセント　/9
　　2.3　複合語アクセントの誤用分析とその要因　/14
　　2.4　日本語におけるアクセントの重要性　/15

3 　音声教育における日本語アクセント指導法　16
　　3.1　音声教育の地位と役割　/17
　　3.2　言語教育の現場における音声の捉え方　/18
　　3.3　日本語アクセントの高低に関する指導法　/23

4 　日本語アクセント指導の問題点　27
　　4.1　海外における、日本語アクセント教育の現状と問題点　/29
　　4.2　受け入れ側としての日本国内における、日本語アクセント教育の現状と問題点　/31

5 「VT法（Verbo-Tonal Method）」 33
 5.1 言調聴覚論の原理 ／35
 5.2 「VT法」に基づく発音指導の原理 ／38
 5.3 先行研究 ／39
 5.4 問題設定・仮説 ／41

6 実験1 43
 6.1 実験の目的 ／44
 6.2 実験の方法 ／44
 6.3 実験の結果 ／46
 6.4 考察と課題 ／48

7 実験2 50
 7.1 実験の目的 ／51
 7.2 実験の方法 ／51
 7.3 実験の結果 ／55
 7.4 考察と課題 ／63

8 考察と要約 64

付　録 123
 付録1 実験1（複合語）のデータ ／123
 付録2 実験2（単一語）のデータ ／126
 付録3 日本語学習についての調査表・学力テスト ／130
 付録4 日本語能力試験 回答用紙 ／132

参考文献 144

後書き 147

目 录

1 序论 66
　　1.1 研究目的 / 67
　　1.2 研究动机 / 67

2 中文与日文声调的差异 70
　　2.1 中文（普通话）的四声 / 71
　　2.2 日语的声调 / 73
　　2.3 对复合词声调的误用分析及原因 / 78
　　2.4 日语声调的重要性 / 79

3 音声教育中的日语声调指导方法 80
　　3.1 音声教育的地位和作用 / 81
　　3.2 语言教育现场中对音声的认识 / 82
　　3.3 日语声调的高低指导方法 / 86

4 日语声调指导的问题 89
　　4.1 日本国外日语声调教育的现状和问题 / 91
　　4.2 日本国内日语声调教育的现状和问题 / 92

5 "ＶＴ法（Verbo-Tonal Method）" 94
　　5.1 声调-听觉理论的原理 / 95

  5.2 基于"VT法"的发音指导原理 / 99
  5.3 先行研究 / 100
  5.4 问题设置和假设 / 101

6 实验1 103
  6.1 实验目的 / 104
  6.2 实验方法 / 104
  6.3 实验结果 / 106
  6.4 讨论和课题 / 108

7 实验2 109
  7.1 实验目的 / 110
  7.2 实验方法 / 110
  7.3 实验结果 / 114
  7.4 讨论和课题 / 120

8 考察和摘要 121

附录 123
  附录1 实验1（复合语）数据 / 123
  附录2 实验2（单一语）数据 / 126
  附录3 关于日语学习的调查表与测试 / 130
  附录4 日语能力测试试卷 答题用纸 / 132

参考文献 144

后记 148

1　序　論

1.1　研究の目的

　中国語母語話者に日本語を教える際、会話で学習者がアクセントを間違えた場合は、誤りの箇所を指摘することができる。しかし、それを修正するためにどう指導すればいいのかを明らかにするのは難しい。そこで、本研究は中国語母語話者を対象に、効果的な日本語アクセントの指導法について研究することを目的とする。

1.2　研究の動機

　来日前、私は日本語の専門学校を卒業して、中国の中学校で日本語教師をしていた。その頃から、初学者に対してどのように正しい発音・アクセント・会話を教える事が出来るのか常に考え、興味を持って研究してきた。以下にこの6年間の教授経験から得たものを簡単に述べる。
　教師の発音・アクセント・イントネーションなどは生徒に絶対的な影響を与えることが多い。特に外部からのインプットがない生徒については言うまでもない。そのような生徒はただ教師の真似をして読み、話しをするだけである。そこで、私は新しい文章に入る前に、カセットテープを繰り返し聞き、アクセントを正しく発音するようにした。単語の解釈に入る前にも、必ず前もって生徒たちに文章を朗読してから、カセットテープを流して生徒たちに教師の発音とテープに再生した内容との発音が似ているというような印象を与えるようにした。単語の解釈に入る時も、単語一つ一つにアクセントをつけて、誤った発音がないようにしてきた。さらに、生徒たちにも厳しく要求し、誤った発音をした場合は正しく読めるまで何度も繰り返して読ませた。その結果、生徒の中でも誤った発音が次第に少なくなってきた。
　次に意識的に日本語環境を作り、日本語のインプットの機会を与えるよう工夫をした。日本語環境がなく、ついでに日本語のインプットもな

1 序　論

　くなってしまうことは生徒にとって一番問題であった。家や学校はもちろん、友達の間で母語だけを使い慣れた生徒たちにとって、性急に日本語を話すことを要求するのは無理である。そこで、私は45分間の授業時間を有意義かつ適切に利用するようにした。

　授業開始から5分間は、基礎的な日常語から練習させる。最初は教師と生徒の会話から始まり、次に生徒と生徒の会話に移るという手順だ。たとえば、「今日は何日ですか？」「今日は何月何日ですか？」「今日は何月何日何曜日ですか？」という簡単な会話から始まり、「将来何をするつもりですか？」「大きくなったらどんな人間になりたいですか？」「あなたの夢は何ですか？」より複雑な問題を扱っている。学生が自分から話し始めたら、さらに文章を要約する訓練をさせる。その前に、教師が教えた中で一番簡単な言葉を使ってわかりやすく説明し、それを真似させる。そうすることで、生徒は自然と集中できるようになり、聴解の訓練にもなる。人の話が理解できるようになると、生徒は自然に話を始め、質問にも答えられるようになる。すると、45分間の授業がとてもにぎやかで楽しいものになる。そして、最初は日本語に興味がなかった学生たちも、次第に日本語に興味を持つようになった。

　このように日本語の発音のレベルを高めるためにいくつかの面に力を注いだ結果、生徒たちのアクセントに対する意識も変わり発音も次第にうまくなってきた。

　ところが、いざ会話の授業をしてみると、会話中に学習者がアクセントを間違えた際、その箇所は指摘できるものの、それを直すにはどう指導すればいいのか分からず困ってしまった。答えを求めるうちに、自分が日本語を話す時の音声と日本人が日本語を話す時の音声をカセットテープに録音して、繰り返し再生して聞き比べるなどの方法も試みた。しかし、生徒がなかなかうまく言えない箇所も多く、一度うまく言えた箇所でも、もう一度言うともとの発音に戻ってしまうなど、教師と学習者共に納得できるような授業をすることはできなかった。

さて、中学校で日本語教師としての教育実践そのものと、大学院での「研究」という両者では、求められるものにかなり違いがあると最初は思われた。しかし、その研究の着想自体は、教育現場でも得られるものがあるので、常に問題意識を持ちつつ現場での指導を行った。

　来日後、筆者は広島大学教育学部で日本語教育学講座を聴講した。最初は学部生向けの概論的な授業を数多く聴講して基礎的な知識を習得し、より深く日本語教育学や日本語学の知識を吸収するように努めた。その後、研究生期間中は教育学部日本語専攻の講義を聴講して基礎的な知識をまとめるとともに、自己の研究内容に深く関わる音声学、日本語学や日本語教育学の論文などを収集し、文献購読を行った。そして、得られた知識をもとに、自分自身が来日前に中国で実践していた日本語教育方法を批判的に検討し、指導技術を向上させるための具体的な方策について考察を深めた。

　研究を深めていくうちに、私は日本語教授法理論のなかで「言聴聴覚論」とそれを基礎にする「VT法」に最初に出会った。「VT法」は創造的に聴覚、視覚、触覚と運動神経を用いて外国語の発音を補助し、音声の伝送体・受容体という二重作用を強調していて、発声器官を動かし、身体リズムの運動に従って発声する音声指導方法である。抽象的な口腔内の運動を直観的な体の運動に変えて、外国語の発音の感覚と正確さを保証する。来日前の日本語アクセント指導は、主にカセットテープを利用し、機械的に聴く訓練であったため、学習意欲を喚起せず、さらに退屈感を持たせる欠点もあったと思われる。これに対して「VT法」は、発音の習得を言語の全体構造の枠組みでとらえる視点を持っているという点でユニークである。さらに、他の教授法理論が欠いている点に対して、音調上の特徴まで含めた発音指導を行う「VT法」は、それを補ってくれる有効な方法であると思われた。

　そこで、本研究は中国語母語話者を対象として、「VT法」による日本語アクセントの指導方法の特徴と効果を研究することを目的とする。

　本研究の論文構成は、以下の通りである。

　2章では、中国語と日本語のアクセントを分析し、その相違と中国語母語話者による日本語アクセントの誤用について分析する。

3章では、従来の日本語アクセントの指導法に関する研究を紹介し、その問題点を検討する。

　4章では、音声教育の地位と役割を分析してから、日本国内と海外という二つの視点に分けて、日本語アクセント指導の現状及び存在する問題点を述べる。

　5章では、「VT法」を紹介し、「VT法」を用いた先行研究を考察し、問題設定と仮説を立てる。

　6章では、中国語母語話者を対象とした、「VT法」による日本語複合語のアクセントに関する実験について述べる。

　7章では、中国語母語話者を対象とした、「VT法」による日本語単一語のアクセントに関する実験について述べ、その結果と考察を展開する。

　8章では、本論文の考察と要約を述べる。

2　中国語と日本語のアクセントの相違

2 中国語と日本語のアクセントの相違

中国語(標準語)と日本語(東京語)は共に高低アクセントをもつ言語であるが、多くの文献で指摘されているように、両者の表れ方は著しく異なっている。中国語はアクセントの高さが1音節の中で変化するが、東京語は拍を単位とする相対的な高低アクセントである。そのため、日本語のアクセントの高さが音節内では変わらず、音節と音節の間で、即ち、拍と拍の間で変わる。[1]

中国語学習者が持っているこのような母国語のアクセントは、日本語の正しいアクセントの習得に影響を与え、干渉することが多い。中国語母語話者は中国語の声調に引かれて日本語を発音する傾向がある[2]。

そこで、第2章では中国語と日本語という両言語のアクセントの相異点について分析する。本研究は、中国語母語話者を対象として研究を進めているので、中国語を母語とすることによって、日本語のアクセント習得にどのような影響を与えるのかについて検討する必要がある。

以上の前提に基づいて、本章の構成は次のような流れになっている。

まず、日本語と中国語の両言語のアクセントの相異点について分析する上で、中国語母語話者による日本語アクセントの発音上の問題点について分析し、日本語の学習において、アクセントの重要性を述べる。

2.1　中国語(標準語)の四声

中国語には、漢字一つ一つの音節に高低イントネーションがあるという大きな特徴があり、これを「声調」と言う。また、一つの音が4つの基本声調に分かれていることを「四声」と呼称する。中国語の四声を簡単に説明すると、次のようになる。

第一声:高く平らで、例えば汽笛の「ポー」のように発音する。

1　水谷修「アクセントとイントネーションの習得法」『講座日本語と日本語教育3日本語の音声・音韻(下)』杉藤美代子編、明治書院、1990、103-104頁。
2　尤東旭「中国人日本語学習者によく見られるアクセントの問題点」『新潟大学 留学生センター紀要』5号、1998、77-87頁。

第二声：中音から急に高音にあげる。例えるのなら「えっ、ほんとう？」の「えっ」の部分に相当する。

第三声：低音から緩やかに高音まであげる。ちょうど、「いいえ、ちがう」というフレーズの「いいえ」をゆっくり発音している感じである。

第四声：最高音から一気に最低音まで下げる。例えるのなら「はい、わかった」の「はい」の部分にあたる。

以上のような四声を図で示すと、次のようになる（図2-1）。

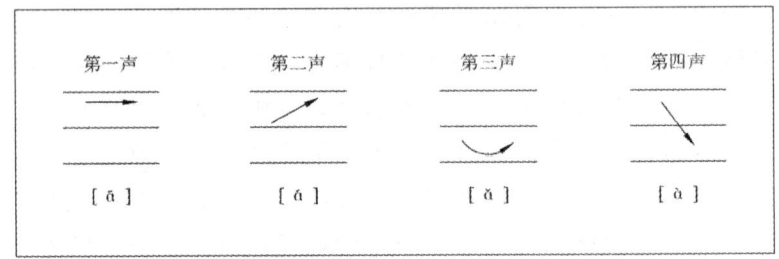

図2-1　中国語標準語の四声

四声は言葉の意味を区別する役割がある。同じ発音でも声調が異なると意味が変わってしまうので、中国語では声調が非常に大切である。その例としてよく用いられるのが、mā mā qí mǎ, mǎ màn, mā mā mà mǎ [母は馬に乗ったが、馬（の足）が遅いので罵った]。これは一種の早口言葉で、「骑」と「慢」以外は、全て「ma」という発音で構成されている（表2-1）。

表2-1　中国語標準語の「ma」の声調

発音	意味
妈 mā（一声）	（名詞）お母さん
骂 mà（四声）	（動詞）罵る
马 mǎ（三声）	（名詞）馬

という文章で、「お母さんが馬に乗ったら、馬が遅いので、お母さんは馬を罵った。」という意味になる。カタカナ表記を見れば分かるとおり、同じような音がずらずらと続いているが、声調がついていることによって「マー」という音の羅列にこれだけの多様な意味が加わるのであ

2　中国語と日本語のアクセントの相違

る。したがって、私たちが中国語を話す時にも声調を曖昧にせず、母音を少し長めに延ばしてはっきりと抑揚をつけないと、たとえ、簡単な単語であっても相手に分かってもらえなかったり、全く別の意味に取られてしまったりする可能性が大いにあるわけである。

　上にあげたように、中国語の音節には常にアクセントが伴っているので、声調は中国語においては必須である。しかし、中国語の声調は弁別機能がメインであり、統語機能は弱い。これまでの中国語でのアクセントの指導は弁別機能について十分語られてきたが、統語機能についてはあまり重視されてなかったようである。これが、日本語の複合語名詞、特に語構成要素が2つ以上ある場合誤読率が増加してしまう原因になる。

　さて、高低アクセントを持つ日本語の場合などは、中国語とはその性格には著しい違いがある。そこで、以下では、日本語アクセントの特徴をより詳しく見ていく。

2.2　日本語のアクセント

　広く日常生活において、「アクセント」は強調された部分、あるいは強い印象を与えるという意味で、音楽、美術、ファッションなどの分野にて用いられる。金田一春彦氏は『日本語発音アクセント辞典』の巻末の解説の p.18 に次のように述べている。

　《アクセント》という言葉はずいぶん大衆化したものだ。音楽の分野で、ある箇所を強く歌うことを"アクセントをつけて"ということは早くからの習慣であるが、戦後では美術・服装の分野での愛用語になった。"アクセントのないぼやけた作品""えりもとにアクセントをつけて…"のような言い方は、映画雑誌・婦人雑誌の記事に毎号のように見られ、アクセントという言葉が全体にまとまりを与える重要な部分という意味に使われている[1]。

---

[1] 金田一春彦「共通語の発音とアクセント」『ＮＨＫ日本語アクセント辞典』日本語放送協会、1998、90-122頁。

言語に関しても、「彼の話し言葉にはアクセントがある」などと広く「方言」の意として用いられることもある。
　これに対して、狭義での言語学的アクセントとは、同じく金田一氏の『国学語辞典』中の定義を箇条書きにすると、
　アクセントは
　・一つ一つの語句について
　・社会習慣として恣意的に決まっている
　・相対的な高低（または強弱）の配置
ということになる。日本語のアクセントの大きな特色の一つは高低アクセントであり、英語のような強弱アクセントではないことである。
　上記の「一つ一つの語について」とは、アクセントの単位は語だということである。例えば、東京方言で「雨」と「飴」は音の高さで区別でき、それは世間では「イントネーションが違う」といわれることがあるが、音声学では、それらは一つの語の中での高さの問題なので、「アクセントが違う」といわなければならない。
　「社会習慣として恣意的に決まっている」とは、たとえば、「雨」が「高低」というアクセントで、「飴」が「低高」となる理由を説明できないように、それぞれのアクセントは、その方言で、そのように言うことが習慣として決まっているからにすぎない。関西の方言では逆に、「雨」は「低高」アクセントになる。そのように、必然的にそうなったわけではなく、定まった理由がないことを、恣意的という。
　「相対的な高低（または強弱）の配置」とは、例えば、低い音は150ヘルツ、高い音は200ヘルツとか、低い音はド、高い音はソなどという絶対的な高さではなく、ただ単に、前後の音と比べてこれよりこれが高いとか低いというように、相対的に高さや強さの配置が決まるということである。[1] このように、アクセントは社会的習慣として恣意的に決まっ

---

1 金田一春彦「アクセント」『国学語辞典』東京堂、1955、6-11頁。

2 中国語と日本語のアクセントの相違

ているものである。従って、方言によってアクセントがまちまちであることも当然である。

以上、アクセントの定義をめぐって少しふれたが、続いて加瀬氏[1]によるアクセントの式と型、アクセントの特色や機能などを見ていきたい。

2.2.1 日本語アクセントの式と型

アクセント核（滝）の有無により分類したものを式といい、その位置により分類したものを、型（アクセント型）という。式は、アクセント核がある起伏式と、アクセント核がない平板式に分かれる。平板式には、平板型の1種類しかない。起伏式は、頭高型、中高型、尾高型の3種類がある。

平板式	平板型	アメヤ	ワダイ	サクラ	ハシ（端）
起伏式	頭高型	ミドリ	サンガツ	ハシ（箸）
	中高型	オカシ	ノミモノ	
	尾高型	ヤスミ	イモート	ハジ（橋）

平板型と尾高型のアクセントは助詞をつけると違いが分かる。

アクセントは単語レベルに与えられた音量変化（高低）で、体系的であり、アクセントのあるところでピッチも上がっている。そのピッチの変化量は不連続である。

次の表は、拍とアクセントの型との関係を表している。

表 2-2　日本語の拍とアクセントの型

	1 拍語	2 拍語	3 拍語
頭高	○（火）	○○（箸）	○○○（かぶと）
中高			○○○（心）
尾高		○○（橋）	○○○（男）
平板	○（日）	○○（端）	○○○（桜）

---

[1] 加瀬次男「読みに求められる音声表現要素」『コミュニケーションのための日本語・音声表現』、2001、145-150 頁。

2.2.2 日本語アクセントの特色

現代東京語の一語一語に定まっている基本的なアクセントには、次のような特色がある。

(1) 第1拍(音節)と、第2拍(音節)の音の高さが必ず違う。

　　第1拍が低ければ、第2拍は高い。

　　　オカ(丘)　　キモノ(着物)　　オヤイヌ(親犬)

　　第1拍が高ければ、第2拍は低い。

　　　ウミ(海)　　チギョ(稚魚)　　サンガツ(三月)

このことによって、語がどこから始まるかが分かる。

(2) 一つの語の中に、2つ以上のアクセントが出ることはない。

2つの語に思われてしまうからである。一つの語で、次のようなアクセントはありえない。

　　　○○○○　　　　　　○○○○

　　　(これは2つの語につけられたアクセントである)

拍(音節)の多い語でもアクセントは1つである。例えば、

「地方公務員」のアクセントは　　チホーコームイン

「不在者投票」のアクセントは　　フザイシャトーヒョーとなる。

(3) 高い拍から低い拍へ移る直前の拍をアクセント核という。最後の拍(音節)が高い語には、音の高から低への落ち目・核のあるものと、ないものとの2種類がある。助詞をつけて発音するとその違いがわかる。アクセントの核は「┐」のような記号を用いる。

　　アメヤ(飴屋)　ワダイ(話題)……アメヤが　アクセント核がない
　　チカラ(力)　　ハヤリ(流行)……チカラが　アクセント核がある

(4) 複合語は中高型のアクセントになるものがある。

　　タイヘイヨウ(太平洋)　　センソウ(戦争)→タイヘイヨウセンソウ
　　ジドウフクシシセツ　　デンシケイサンキ

「拍」「音節」の違いについて、簡単に述べておく。

「拍」:「ちょっと待て　よく　考えて　もう一度」という標語は、指折り数えて短く切ると、「チョ・ッ・ト・マ・テ・ヨ・ク・カン・ガ・

2 中国語と日本語のアクセントの相違

エ・テ・モ・ー・イ・チ・ド」となる。これにより、五・七・五というリズム、つまり定型かどうかが決まるわけだが、このような音の区切り（単位）を「拍」という。

「音節」：言語学における単位のことである、1つの発音単位のことで、通常は1つ以上の音素でできる。話したり歌ったりするとき、音節は音声の基本的な部分である。日本語の音節というのは、仮名1字（ただし、拗音の場合は2字）が表している一まとまりの音の単位である。中国語では、子音＋母音＋子音が一つの音節をなす場合もある。

例：

zhāng（張）　　niáng（娘）

2.2.3　日本語アクセントの機能

共通語アクセント機能として、弁別機能と統語機能がある。
① 語の意味を区別する弁別機能（示差的機能）
[雨][飴]、[端][箸][橋]、[熱い][厚い]、[朝][麻]などの同音語の区別をする働きがある。
② 語と語の切れ目、語のまとまりを示す働き（統語機能）
ニワニワニワトリガイル
この表現はアクセントによって2つの意味になる。
ニワニワ／ニワトリガイル（「庭には　鶏がいる」）
ニワニワ／ニワ／トリガイル（「庭には2羽　鳥がいる」）
　このようにアクセントは語（文節）の最初を示し、尚且つ、語（文節）のまとまりを示す働きがある。これをアクセントの統語機能（境界表示的機能）という。（上の例のような「ニワ（2羽）」と「ニワ（庭）」のような語を区別する働きは弁別機能・示差的機能である。
アクセントの機能をまとめると次のようになる。
　　統語機能・語（または文節）の最初を示す。
　　　　　　・語（または文節）のまとまりを示す。
　　識別機能・語（または文節）中のアクセントの下がり目を示す。

2.3　複合語アクセントの誤用分析とその要因

中国語母語話者のアクセントの誤りに関しては、母語の干渉、訓練上の転移、過剰一般化など、様々な要因が挙げられるが、アクセントの機能も大きく関与しているものと思われる。

中国語では、例えば「外国人労働条件法案」という複合語の場合、「外国人」「労働」「条件」「法案」という個別の単語の声調アクセントは、それらが複合した語句においてもほとんどそのまま保たれる。これに対して日本語では、「外国人労働条件法案」という語句を構成する個別の単語のアクセントは消えてしまい、全体が一つの単語になったように、高いピッチが平たく長く続き、中高型の新しいアクセントを獲得するのである。この複合語とその構成要素である単語とのアクセントの関係を図示すると、図2-2のようになる。

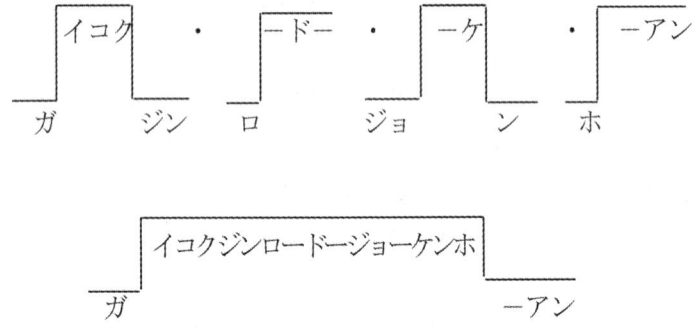

図2-2　日本語の複合語とその構成要素である単語とのアクセント

この日中両語の言語構造の違いから、中国語を母語とする学習者は、日本語の長い複合語句の中高型アクセントを、高いピッチ部分が異常に長いものとして感じるはずである。そこで、この平たく高い部分のどこかでピッチを上げ下げすることによって、この違和感を解消しようとするわけである。この際、たとえば上述の例の「外国人」「労働」「条件」「法案」それぞれの単語のアクセントを既に学習している学習者は、その個別単語

の本来のアクセントを実現しようとする。これは既に日本語の正しいアクセントとして習得したものであり、その知識を利用するのがもっとも安全かつ正確だと考えるからである。このことはむしろ当然のことである。しかし、残念ながら日本語の複合語では、これは誤ったアクセント実現の方法になってしまうわけである。以上のように、いわゆる漢字圏の学習者は音韻論的にだけでなく、語構成の面でも母語からの干渉を受けやすい。従って、日本語アクセントの統語機能については、非漢字圏の学習者以上に注意を喚起させる必要がある。そのためには、初級段階から長い語構成の語句のアクセント練習をしておくことが大切だと思われる。単語の練習ばかりしてアクセントの指導が済んだと思っていると、中級になって語彙が増えるに従って、かえって個別単語のアクセントを横並べにした誤った複合語のアクセントを生成するようになってしまう危険性もあるわけである。

2.4 日本語におけるアクセントの重要性

　日本語の音声面において、アクセントは重要な役割を果たしている。日本語の音節の長さや一つ一つの音の発音もアクセントと深い関係があり、外国人に日本語を教える場合にアクセントの問題を無視するわけにはいかない。
　そのためには教師は規範となるアクセントで日本語を話すことができなければならない。また、規範といえるアクセントを身につけている教師の場合でも、自分自身が使っているアクセントについて、意識的にその形をとらえ、学習者に提示できなければならない。しかも、それは「橋（ハシ）」「箸（ハシ）」は違うといった個々の現象的な面を指導するだけでなく、体系の中にある法則性などを能率的に学習者に説明できる、あるいは練習させることができるようにしなければならない。

3　音声教育における日本語アクセント指導法

3 音声教育における日本語アクセント指導法

　本章では、まず、音声教育の地位と役割について分析する。次に、海外における日本語アクセント教育の現状と問題点について検討し、その次に、受け入れ側としての日本国内における日本語アクセント教育の現状と問題点について検討する。

3.1　音声教育の地位と役割[1]

　音声は日本語教育の諸領域と関係しており、話しことばにおけるコミュニケーションの基盤となるものである。したがって、広義の音声教育は日本語教育全体に関わるものであり、日本語能力の向上のためには音声を無視することができない。
　ここで、先行研究に基づいて、音声教育を行う理由についてまとめて述べておきたい。
　（1）広義の音声教育は日本語教育全体に関わるものであり、日本語能力の向上のためには音声を無視することができない。
　（2）音声は語彙、文法、談話、聴解、文章表現など、日本語教育の諸領域と関わっていて、話し言葉におけるコミュニケーションの基盤となるものであり、アクセントを間違えたら意味も変わり、音声の聞き取りは広い範囲に影響を与える。
　（3）意味が伝わったとしても、話者が意図しない印象を聞き手に与えてしまうことがある。特に、面接やビジネスの場面など第一印象を重視している場合、発音の正しさはそれぞれの成功に影響を及ぼす。
　（4）発音の問題は、学習者のコミュニケーション意欲の低下にも繋がり、消極的な学習姿勢や学習不安を引き起こす原因になる。
　（5）成人後の高度な音声習得が不可能な場合でも、学習者の意識や学習方法次第で発音の能力は向上することが研究結果から裏付けられて

　1　戸田貴子「音声教育と日本語能力」『早稲田日本語教育学』（8・9）、2010、59-65頁。

いる。しかしながら、全ての学習において、良くない習慣が身についた後に矯正するよりも、入門段階から良い習慣を養う方がより簡単である。

　上記に述べた通り、音声教育は明らかに重要である。音声教育は言語教育において不可欠であり、早ければ早い方がよく、言語学習の過程で最初から行わなければならない。次の節では、音声教育において、最も重要な日本語アクセント指導の問題点について検討する。

3.2　言語教育の現場における音声の捉え方

　外国語教授法は、合理的で効果的な外国語教育を行うための理論とその方法論から成りたっている。それぞれの教授法は、開発者の言語観や学習観、学習者の学習目的と学習の条件、期待される能力などによって異なった練習方法や指導理論を主張しているが、日本語教育でもいろいろな外国語教授法を取り入れて、教育の効率化を図っている。

　この節では、外国語教育理論の史的発展と日本語教育という視点から、言語理論や教育理念に基づく言語教育の現場における音声の捉え方について、時間的経緯を追って考察する。

　参照した書誌は、『外国語教育理論の史的発展と日本語教育』(1989)、『教師用日本語教育ハンドブック―教授法入門』(1996)、『日本語教育のための実践的知識と教授法―日本語教育への道』(1990)、『はじめての日本語教育』(2003)、『新、はじめての日本語教授法2―日本語教授法入門』(2004)、『日本語教授法ワークショップ』(2000)、『日本語教授法―研究と実践―』(1982)、『聴覚・言語障害教育および外国語教育のためのVTS入門』(2002)、『言聴聴覚論の輪郭』(1994)、『ヴェルボトナル法実践シリーズ　第1巻　ヴェルボトナル法入門』(2000)、『授業で使える発音指導―VT法を活用して』解説書(2005)、『日本語の発音指導―VT法の理論と実際』(1996)、『日本語教師のための新しい言語習得概論』(2005)、その他である。

3 音声教育における日本語アクセント指導法

以下より、日本語教育とかかわりの深いさまざまな外国語教授法の理論的特徴、提唱者、長所と短所などについて、時間的経緯を追って解説とともに考察していく。

3.2.1 文法訳読法（Grammar-Translation Method）

文法訳読法は、中世ヨーロッパでラテン語教育のために開発された教授法である。目標言語の文法規則や語形変化を暗記したのちに、目標言語の文章を母語に翻訳することによってその意味を理解し、語彙を学習する方法で、読み書きの訓練が中心となる。文献から情報を得るのがこの教授法の主な目的なので、口頭練習や音声指導は重視されず、聴解や発話の能力を育成することには向いていない。そのために、19世紀以降の口頭コミュニケーションを目指す外国語教育には適しておらず、次第にオーラル・メソッドなどの直接教授法に基づく教授法に取って代わられることになった。

3.2.2 直接教授法（Direct Method）

直接教授法は、学習者の母語を媒介せず目標言語を使って「直接」外国語を教える教授法の総称である。特定の教授法理論ではないが、幼児の第一言語を外国語学習のモデルとする各種教授法の指導方針として取り入れられている。

直接教授法の長所としては、次のような点が挙げられる。①入門期から口頭作業を重視するので、学習者は音声体系に早く慣れ、聴解力・会話力が養成される。②発話を刺戟する場面の重視、実物呈示、実演動力、シミュレーション等により、現実に即した学習活動が行える。③母語の干渉を排除することにより、学習対象言語の有する意味と形式を直接結び付けさせ得る。④音声言語から導入し文字言語への学習を発展させることは、一般的な言語習得の過程に合致するもので、言語技能のスムーズな獲得に役立つ。⑤母語や媒介言語を異にする学習者集団に対しても適用が可能である。

直接教授法の短所としては、次のような点が指摘される。①媒介言語を用いないことは、学習目標言語に対する理解が不正解、あいまいにな

る場合が多い。特に抽象的な概念を表す語句の提示が困難である。②文法事項は多くの場合帰納的提示に留まるため、言語体系に関する知識が断片的となり、学習者の知的関心を阻害する。③教授者の言語運用能力と指導技術に過大の期待がかけられ、経験の浅い教授者の場合には効果が半減する。④教授者は一方的指導に偏りやすく、学習者の自主的学習活動意欲を阻害しやすい。

以上のように、「直接教授法」は長所短所を有するが、一般的に知的水準の高い成人の学習者は直接法を嫌う傾向があることから、現在では折衷的な教授法が取られることが多くなっている。

3.2.3　オーディオ・リンガル・アプローチ（Audio-lingual Approach, AL法）

オーディオ・リンガル・アプローチは、第二次世界大戦後の米国で開発され、1950年代から1960年代にかけて日本語教育を含む世界の外国語教育で採用された教授法である。この教授法は、当時の最も有力な言語学理論である構造言語学と行動心理学から言語理論と学習理論を採用していたので、当時としては最高の教授法と考えられていた。加えて、その教授手順がはっきり定められていたこともあって、教師にとって教えやすい教授法として急速に世界中へ普及した。特徴としては、口頭会話能力の養成を優先し、文字や表記の教育は口頭会話能力が安定してから行うこと、母語話者並みの正確さを求められることなどがあげられる。これを実践する手段としてミム・メム練習（模倣－暗記練習の略称）や文型練習が考案され、行動心理学の学習理論である習慣形成理論に基づいて徹底的な反復練習が求められた。

1960年代の後半に入ると、オーディオ・リンガル・アプローチに対する批判が理論面と教育現場の双方から出されるようになってきた。理論面では、その基礎理論である構造言語学と行動心理学がそれぞれ生成文法と認知心理学から批判され、理論的根拠が失われた。他方、教育現場からも批判が続出した結果、その欠陥を除く工夫がされたり、新しい教授法が開発されたりして、オーディオ・リンガル・アプローチは衰退に向かうことになった。

3.2.4 認知学習理論（Cognitive Code Learning）

　生成文法理論と認知心理学を基盤にして開発された教授法である。「認知学習理論に基づく教授法」は、認知心理学が説く人間の思考活動様式を重視する考え方を指導原理に採り入れたもので、習慣形成理論に代わり、意味理解と記憶の方法を言語学習の中心的課題とするものである。「人間の脳には無限の発話を創造する能力が存在している」とするチョムスキーの理論に基づいて、発話の文を作り出す規則としての「文法」を演繹的に教育し、それらを「場面」の中で練習する方法が採られている。オーディオ・リンガル・アプローチは言語規則を帰納的に学ばせ、文型練習などを通して目標言語の習得、つまり習慣形成を図るのに対して、認知学習理論では人間の認知能力を利用して言語規則を理解させ、その上で言語習得のための練習をすべきであるという考え方を採っている。

　批判点として、①言語構造の規則の認識を重視し過ぎて、その言語が実際の場面でどのように機能しているのかについてはあまり目を向けていない。②学習者の社会的環境や情意などが学習に与える影響を考慮に入れていない。③ルールを教えた後それを実際に使わせることでルールの内面化を図るとしているが、どのような方法でそれを実現していくのかについて、明確な答えが出されていない、などがある。

3.2.5　ナチュラル・アプローチ（Natural Approach）

　アメリカのスペイン語教師テレルと応用言語学者クラッシエンの共同研究によって開発された教授法で、一種の聴解系メソッドである。最も重要なポイントは、言語習得を促進するために、まず聴解能力を向上させて学習者に目標言語の理解能力の基盤を作り、さらに不安のないリラックスした状態で、理解しうる程度の言語を適量にインプットすることの必要性を主張していることである。ナチュラル・アプローチでは、具体的な授業活動の方法などはほとんど提示されておらず、ほかの教授法の指導技法を用いるが、授業で教師のとるべき態度などについて有益なヒントを与えている。この方法は、聴解優先の教授法であり、第二言語習得

を母語の獲得と関連付けているということができる。つまり、発音より聞き取りが先であるという考え方に基づいているのである。この教授法には当初共感を覚える教師も多かったが、学習者のレベルより少し上の理解可能なインプット「i+1」の客観的尺度が欠落していることや、発話より聞き取りが先であると言っても、沈黙期が母語を獲得する乳幼児のように理解を形成する期間というより、外国語学習者においては単に自信がないために発話を避けるといったケースもあるということから批判されるようになった（戸田、2006）。

3.2.6　コミュニカティブ・アプローチ(Communicative Approach)

言語の運用能力の育成を目的とする言語教育の総称である。言語運用能力の養成を目的として掲げ、コミュニカティブな言語観と言語を実際に使う過程を通して言語が習得できるという特徴を持った教育方法である。さらに、もう一つの特徴は、言語教育の中心に学習者を置いたことだ。学習者のニーズに合わせたシラバス・コースデザイン、学習者の動機・興味や関心に対する配慮など、教師を中心とした授業から学習者を中心とした授業への転換が志向されている。

日本語教育におけるコミュニカティブ・アプローチへの批判は、「初級のレベルにおいて、発音・文法・語彙という基本的な部分の学習とコミュニカティブな活動の折り合いをどこでつけるか」というのが代表的なものである。しかし、これらの批判があるにも関わらず、「学習者のニーズを中心におくべきである」という考え方と「言語運用能力を養成することの重要性」は広く受け入れられ、日本語教育に大きな影響を与えている（鈴木、2000）。

以上、外国語教育理論の史的発展と日本語教育という視点から、言語理論や教育理念に基づく、言語教育の現場における音声の捉え方について、日本語教育とかかわりの深い外国語教授法の理論的特徴・提唱者・長所と短所なども併せて、それぞれ時間的経緯を追って解説とともに考察した。

考察の結果、それぞれの外国語教授法には、長所もあれば短所もあることが分かる。これらの外国語教授法は、かつての日本語教育に圧倒的

3 音声教育における日本語アクセント指導法

な影響を与え、今でも練習方法などにその技法が使われているのは事実である。しかし、当時としては最高の教授法と考えられていても、一方で、その教授法の理論的根拠が失われ、教育現場に適用できなくなるにつれ、それまで主流であった教授法が次第に新しい教授法によって代えられるのは必然的な現象であると言えよう。

従って、多様化が進む今日の日本語教育では、いろいろなタイプの教育が求められることから、教師はなるべく多くの教授法を状況によって使い分ける工夫が必要であると考えられる。

以上、時代の変化ともに推移してきた、過去の外国語教授法について解説とともに考察した。次の節では、中国語と日本語はともに高低アクセントをもつ言語であるの考慮したため、主に高低に関する日本語アクセントの指導法について分析する。

3.3　日本語アクセントの高低に関する指導法

この節では、従来の高低に関する日本語アクセントの指導法について概観する。

3.3.1　土岐哲[1]（1982）—アクセントの「高低感覚」を養う方法

『日本語教育事典』には、土岐哲氏の記述で、アクセントの高低感覚を養うための具体的な方法として「声の高低に合わせて拳を上下させる」方法が紹介されている。

（1）空のコップと水の入ったコップ、土笛などの簡便な楽器などを用意し、高い音と低い音が自在にさせるように準備をする。

（2）それを用いて、始めは交互に高い音と低い音を出して聞かせ、慣れてくるにしたがって任意に音を出し自由に反応できるようにする。その

---

[1] 土岐哲「アクセント」『日本語教育事典』日本語教育学会編、大修館、1982、26-43頁。

段階に達したら高低の差を狭めていくことを忘れてはならない。日本語のアクセントにおける高低の差は、中国語のように大きくはなく、比較的狭い範囲での変化が多いため、その点にもなれさせる必要があるからである。

（3）声を出させたときに高低の違いがなかなか現れない場合には、声を出したまま首を上下に動かせるといよい。全く同じ高さの声を出し続けようとしても下を向けば自然に声が低くなり、上を向けば逆に高くなるが、この生理的現象を応用するのである。この方法は、実際に普通の語句を発音させる場合に役立つばかりでなく、アクセントの型などを視覚的にも知覚させ得る方法として有効である。

（4）首を上下に動かすように、声の高低に合わせて拳を上下させる。また、それに時間的要素を加える意味で　　　　　　　のように拳を左から右へ移動させていき、アクセントの基本を視覚的に意識させることも可能である。

（5）「拍感覚」及び「高低感覚」が身についたならば、語句の高低の配置に加えて強さや弱さ、早さなどの要素が加わっても惑わされないようにすることが必要である。これらの基本的な能力が十分身についていなければ、アクセントの持つもう一つの重要な働きである「統語機能」すなわち、どこからどこまでがどのような単語であり、それらで構成されている句や文がどこで切れるのかさえ、正確には聞き取ったり話したりできないし、日本語のリズム感覚も身には付かない。

3.3.2　小森法孝[1]（1987）－音譜を使った「東京アクセントの高低」の説明

人間の喋る言葉は生きている。その微妙なアクセントをそっくりそのままプログラミングしてやることは非常に困難である。そこで登場するのが「ドミの理論」である。（中略）難しいことではない。言葉に高低に二種類の高さを与えてやると言うことである。まず「ドミドミ」の調子で

1　小森法孝『日本語アクセント教室』新水社、1987。

3　音声教育における日本語アクセント指導法

「アナタノ」、次は「ミドドドド」で「ウンセイワ」、「ドミミミミド」で「ダイキチデス」と言ってみる。うまく行かなければ鍵盤を叩いてみる。(中略)ドミの理論というのは以上のようなごく相対的な高い低い差をわかりやすく、ドミドミ、ミドドド……などと表現するということなので、以下で、ドミドとか書いてあっても、それは音楽的な絶対的な高さや音程を表しているのではなく、単に低い、高い、低いということを示しているのである。[1]　どうしても高い声と低い声を発音し分けられないという人は、強制的な方法を取る。顔をまっすぐ前に向け、のどぼとけのすぐ上のやわらかい部分を親指と人差し指で小さくつまむように軽く挟み、そのまま楽に「アー」と長く発音する。そしてその途中でのどぼとけを指でギュッと押し下げると、声は急に低くなり、指を放すとまた高くなる。(中略)もう一つ強制的方法であるが、まず、仰向けに寝て、足先を何かで押さえて固定し、両手は組んで頭の下に当てる。そのまま楽に「アー」と長く発音する。そしてその途中で腹筋運動のように思い切りグッと上体を起こすと、声の高さもグッと上がる。体を戻して声も低く戻し、また上体をグッと引き上げる。これを繰り返して、高い声、低い声の感じを良くつかむ。[2]

3.3.3　水谷修[3]（1990）－アクセントの相対的な高低を示す提案

水谷は、茶碗と机を使い、相対的な高低を示す手段の方が有効であると提案している。

楽器や歌の練習の経験があり、音の高低の把握になれている人は別として、どんな音が高く、どんな音が低いかを聞き分けることが不得手な多くの人にとっては、何らかの形で音声を客体化することが望ましい。(中略)ピアノのような楽器を利用するのは適切な方法であるが、音の高さが細かく分けて表示されるため混乱することもないわけでない。ア

---

[1] 小森法孝『日本語アクセント教室』新水社、1987、15-16頁。
[2] 小森法孝『日本語アクセント教室』新水社、1987、20頁。
[3] 水谷修「アクセントとイントネーションの習得法」『講座日本語と日本語教育 3 日本語の音声・音韻（下）』杉藤美代子編、明治書院、1990、103-104頁。

25

クセント習得の第一歩として音になじむ手段として、相対的な関係で高いか低いかが手がかりになればよいので、むしろ、身近にある道具を使って音の客体化のための手段として利用すれば良い。茶碗やコップを使い、箸か鉛筆で机かテーブルの面を叩き、茶碗やコップを叩いた時に出る音との差で、高低の違いを知る助けとすることができる。口頭で「サクラ」と唱え、鉛筆で「机・茶碗・茶碗」と打つ。口で「サクラ」と言い、鉛筆で、「茶碗・机・机」と叩く。そんな繰り返しが自分の発音の高低を意識的に把握する力と結びつく。二段階から三段階、四段階の高さの差を識別できるような訓練では楽器が確かに有効になる。文や息の段落の中の音調を観察するためには、二つの音の間の相対的な高さの差を識別する能力だけでは不十分だが、アクセントの学習の前提としては二段階の相対的な関係までで十分にアクセント規則学習の中での混乱を避けることができる。[1]

　土岐氏[2]の方法は、アクセントを視覚化するための補助手段である。また、小森氏と水谷氏の方法は、ともに高低を認識するのにある程度有効な方法だと思われる。しかし、楽器、茶碗を叩くような物理音はやはり人間の声とは違うものだ。大部分の学習者が弁別できないのは明らかな高低差ではなく、日本人が狭い音域で発する微妙な日本語の高低であるという点に注意しなければならない。

---

1 水谷修「アクセントとイントネーションの習得法」『講座日本語と日本語教育3 日本語の音声・音韻（下）』杉藤美代子編、明治書院、1990、103-104頁。
2 土岐哲「アクセント」『日本語教育事典』日本語教育学会編、大修館、1982、26-43頁。

4　日本語アクセント指導の問題点

日本語教育では、初級で単音を中心とする基本的な発音教育が行われた後は、中級でも上級でも組織的には発音教育がなされないという傾向がある。特に、アクセント・イントネーション・プロミネンス・リズムなどの超分節性のある音調（プロソディ）上の要素は指導が徹底していないように思われる。それゆえ、文法や語彙の面では充分な知識のある中・上級の日本語学習者にも、かなり不自然さの残る発音で話している学習者がよく見られる。

　日本語の発音指導において音調上の指導が立ち遅れているのは、さまざまな原因があると考えられる。まず、文法や語彙の教育に時間をとられて、発音の指導どころではないという状況がある。また、発音指導というと、単音の指導に偏ってしまうことが多いというのも現状だ。しかし、少なくとも初級から中級にかけては、発音指導はカリキュラム上、文法や語彙の指導と同程度に重要視されるべきであり、その中でも音調上の要素は単音よりさらに重きを置かれてよいと思われる。

　次に、音調上の超文節的な要素に関する研究が、単音のように分節できる要素の研究に比べて、遅れていることが挙げられる。

　さらに、音調の指導技術が確立していないことも原因の一つだ。これは、まず音調上の要素についての研究が未開拓であることによるものであるが、この方面で十分に体系的な記述研究がなされたとしても、それだけで問題がすぐに解決するわけではない。というのは、発音の習得というのは、発声器官の操作による音声の生成という側面だけではなく、モデルとなるべき言語素材（ここでは、日本人の発話する日本語音声表現一般）の聴取とその解釈という側面、そしてその素材の学習という側面をあわせ持つ複雑な心理的・生理的な過程であるからだ。現在までのところ、アクセント指導に関するアイデアは、音声の記述的研究の専門家からなされることが多かった。一方、そのアクセント習得の聴取・学習という側面についての考察はまだ足りないように思われる。たとえば、「×語話者は、母語にこれこれのアクセント構造があり、そのため日本語アクセント生成ではピッチの上がり方に問題があるから、そこをきちんと教えなければならない」という指摘

4 日本語アクセント指導の問題点

はあるが、どうすればそれがきちんと教えられるのかについては述べられていない[1]。「低高」のピッチの語句や「高低－低高」のミニマルペアをただ何回も繰り返して聞かせ、発音させるだけでなく、ピッチの差が聞き取れ、かつ正しく再生できるような手がかりを学習者に与えてやらなければならない。学習者に自己の学習能力を生かせる積極的な学習方法を提示し、「聴取－学習－再生」という発音習得過程を有機的に統合する指導法が確立される必要がある。

以下の節では、海外と日本国内という二つの視点に分けて、日本語アクセント教育の現状と問題点を具体的に述べる。

4.1 海外における、日本語アクセント教育の現状と問題点

礒村氏[2]は、日本に留学した上級の学習者などが日本語のアクセントの存在や単語ごとの区別を知らないと言うこと、また、語アクセント以外の発音にはほとんど問題がないが、語アクセントはなかなか直せない、アクセントを気にしないまますでに多くの単語を覚えており、アクセントに関して「あきらめムード」があると述べているそこで、海外で日本語アクセントはどのように（どのぐらい）教えられおり、海外で教えているノンネイティブ教師は日本語アクセント教育についてどのように考えているかについて調べるため、海外で日本語を教えるノンネイティブ日本語教師を対象に、日本語アクセント教育に関するアンケート調査を行った。回答は、46カ国の計216人の教師から得られた。以下、礒村氏が行ったアンケート調査について紹介する。

調査の結果、これまでの海外における日本語教育では、アクセントの教育が十分であったと言い難いことが判明した。習う側のモチベー

1　川口義一「発音と聴解の指導－上級レベルの問題点」『講座日本語教育』＜第20分冊＞早稲田大学語学教育研究所、1984、37-47頁。

2　礒村一弘「海外における日本語アクセント教育の現状」『2001年度日本語教育学会秋季大会　予稿集』、2001、211-212頁。

ションは高いにもかかわらず学習者としてその教育を十分に受けることができないため、教師になってからも自分で必要性は感じていても教えることができない、という悪循環に陥っていることが分かった。そこで、中国で使用されている中国語の教材のように言葉にアクセントの記号をつけ、日本語に触れる最も初期の段階からアクセントによる韻律の違いを意識させれば、アクセントの習得は現在よりも容易になり、悪循環を断ち切る可能性も出てくる、としている[1]。

　一方、中国の例が示す、教材にアクセント記号をつける方法の問題点について松崎氏[2]は次のように指摘している。アクセント核のある拍の上のみにカギを付ける方法（以下、核表示方式と称する）もある。中国で使われている教材では、アクセント核を前から数えた、①型、②型…と単語につける方法が多く採られている。しかし、アクセント核がどのような機能を有するのかという教育が充分になされてない場合、核表示方式は結局、高低二段階方式と同じものと受け止められる危険性が高く、また抽象的であるため、視覚的にわかりにくいという問題点がある。声調言語である中国語を母語とする学習者は、高さを絶対的なものと認識しやすく、語アクセント型が談話中でも不変であると考える傾向が強い。また、一音節内での高低変化は理解できても、音節間の高低の認知は難しい。

　そこで、串田・松崎氏他[3]は、中国人学習者のための音声教材開発の一貫として、単音より韻律を重視した自然な日本語音声への効果的なアプローチとしての音声教育方法論「プロソディーグラフ」を提案している。学習者に音響的に抽出した文の基本周波数の曲線に基づいた「プロソディーグラフ」を与え、これを手がかりとして読んだときの学

---

1 礒村一弘「海外における日本語アクセント教育の現状」『2001年度日本語教育学会秋季大会 予稿集』、2001、211-212頁。
2 串田真知子、城生佐太郎、築地伸美、松崎寛、劉銘傑「自然な日本語音声への効果的なアプローチ：プロソディーグラフ―中国人学習者のための音声教育教材の開発」『日本語教育』86号、1995、42-43頁。
3 串田真知子、城生佐太郎、築地伸美、松崎寛、劉銘傑「自然な日本語音声への効果的なアプローチ：プロソディーグラフ―中国人学習者のための音声教育教材の開発」『日本語教育』86号、1995、39-51頁。

4 日本語アクセント指導の問題点

習者の韻律が、韻律的な核の表示を示したテキストを読んだときよりも、向上することを報告している。

4.2 受け入れ側としての日本国内における、日本語アクセント教育の現状と問題点

日本語音声教育の現状と問題点について川口氏[1]は、次のように述べている。

「日本語教育では、初級で単音を中心とする基本的な発音教育が行われた後は、中級でも上級でも組織的には発音教育がなされないという傾向があるようですが、特にアクセント・イントネーション・プロミネンス・リズムなどの超文節性の音調（プロソディー）上の要素は指導が徹底していないように思われます」。

音声教育の問題点の中で、特に音声指導の問題点に関する王・大島氏[2]他の指摘を要約すると次のようになる。「音声教育は、初期の段階から導入・練習を順次行っていくことが重要であるが、現状では全くの初級レベルで、最初の数時間が発音に割り当てられるのが慣例である。しかも単音のレベルの導入、練習がほとんどであり、発音より重要なことがあるから、発音の重要性は分かっていても、音声教育に時間を費やすことができない」。

では、発音より重要なことがいくらでもあるからと言って、音声教育は必要でないのだろうか。また、時間を費やすことができないと言う理由で、音声教育をあまり重要視しない場合、学習者の発音はどうなるのだろうか。

---

[1] 川口義一「日本語アクセントの指導方法」クロード・ロベルジュ、木村政康編著『日本語の発音指導―VT法の理論と実際―』凡人社、1996、115頁。

[2] 王伸子、大島中正、鹿島央、玉村禎朗、藤井俊博「音声指導の問題点」『日本語教師養成シリーズ 音声、語彙、文字、表記』凡人社、1999、78-80頁。

ネウストプニー氏[1]は、発音の問題の重要性について、次のように述べている。接触場面では誤用が現れた場合、メッセージが成立しないということがおこるだけではない。発音の悪い外国人話者を想像してみると、そのことがはっきりわかる。一応話は全部通じるが、①話し手も聞き手も相当疲れる。②話し手が外国人であることをくりかえし伝達しているので、聞き手は、異質さを強く感じることがある。日本にいる外国人がときどき、いつまでも外国人としてしか受け取られていないと文句を言うことがある。これはもちろん、文化行動能力、コミュニケーション能力に関する問題が原因の場合もあるが、まず第一にセンテンスごとにかならず現れる音声的特徴に関する問題のためだと思われる。

　このことから、外国人話者との接触場面で誤用が現れる主な原因は、音声的特徴にあるということがわかる。それもこれも、学習において音声教育に費やす時間がなく、これまで重要視されなかったからだ。

　以上、本章では、音声教育における日本語アクセントの役割について検討するため、音声面における日本語アクセントの重要な役割について、アクセントの機能と特徴の面から考察した。次に第1節では、日本語教育の中でのアクセント教育の位置づけおよびアクセント学習の必要性と教育の重要性について述べた。しかしながら、日本国内外において、アクセント教育はあまり重視されていないのが現状であることから、第2節では、海外および日本国内における、アクセント教育の現状と問題点について検討した。

　このように、本章では日本語教育の中でのアクセント教育の重要性について、音声面だけでなく、聞き取りのためのストラテジーおよび日本語音声教育の現状と問題点についての分析も視野に入れて考察した。このことによって、日本語アクセント教育に対する有用な知見が得られたと考えられる。

---

1 ネウストプニー、J, V.『新しい日本語教育のために』大修館書店、1995a、234頁。

5 「VT法（Verbo-Tonal Method）」

中国語を母語とする日本語学習者に日本語を教える際、彼らがアクセントを間違えた場合、間違い箇所は指摘できるが、それを改善するためにどう指導すればいいのかを明らかにするのは難しい。研究を深めていくうちに、筆者は「言調聴覚論」とそれを基礎とする「VT法（Verbo-Tonal Method）」に出会った。

　日本語において、アクセントの指導に「VT法」の「身体リズム運動」を取り入れ、様々な学習者に手や首を動かしながら発音させ、指導方法を工夫して変えることで効果があったということが近年の研究で明らかになっている[1]。

　「VT法」は、言調聴覚論という言語理論に基づいて考え出された音声指導（矯正）法であり、聴覚・視覚触覚、運動感覚などを活用している点が大きな特徴である。言調聴覚論は、1955年頃、旧ユーゴスラビアのザグレブ大学教授ペタル・グベリナ博士により創案され、やがて「VT法」とSGAV方式（Structuro-Global Audio-Visual Methods、全体構造視聴覚方式）といった具体的な言語教授法へと発展していった。「VT法」は、主に外国語学習者の発音指導法、聴覚言語障害児のリハビリテーションや発音矯正法として実践されている。一方、SGAV方式は、言調聴覚論の原理の一つである「全体構造」を基礎にした視覚教授法で、主に外国語教育の分野で実践されている教授法である。

　従来の日本語アクセントの指導は、主にカセットテープなどの音声教材を利用し、機械的に聴く訓練であったため、学習者が学習意欲を持てないという欠点もあった。これに対して「VT法」は、発音の習得を言語全体構造の枠組みで捉える視点を持っているという点でユニークである。さらに、音調上の特徴まで含めた発音指導を行うので有効な方法であると思われる。しかし、日本語教育における「VT法」の研究は、主に方法論を記述したものが多く、学習者が「VT法」の授業

1　川口義一「日本語アクセント指導方法」クロード・ロベルジュ、木村政康編著『日本語の発音指導－VT法の理論と実際－』凡人社、1990、115-136頁。

5 「VT法（Verbo-Tonal Method）」

をどう感じているのか、実際に学習効果があるのかということについての報告は少ない。

5.1 言調聴覚論の原理

木村氏[1]は、音声教育の立場から言聴聴覚論の原理を次のようにまとめている。

（1）言語習得においては、音声の聞き取りが最優先される。

音声聴取は、言語活動の出発点であると共に、言語を一つの統一体として完成させるためには欠かせないものである。聞き取りに誤りがあれば、言語音の再生は歪められ、コミュニケーション活動に悪影響を及ぼす。また、正しい調音法を学習したとしても、正しく聞き取れるとは限らない。これは自己の発音を正しくフィードバック（聴取）していないからである。言調聴覚論では正しい聞き取りが正しい発音の条件であると考え、学習者の耳を聞き取りに集中させ、自己の発音を正しくフィードバックさせることが重要であると考える。

言聴聴覚論における外国語の習得とは、母語の言語体系に基づき機能している脳を、外国語の言語体系にも正しく機能するように組み立て直す（再構造化）ことであり、音声聴取を優先することにより、脳の再構造化が正しく行われ、外国語の習得が効果的になされるとしている。

（2）言語は全体構造をなす。

言聴聴覚論では、話し言葉の全体構造性という側面から言語活動、言語習得を説明している。言語はそれ自体の構造だけでなく、伝達の場面や状況を特徴づける言語外要素（時間・身振り・相手の表情など）をも含む全体的構造を成しており、コミュニケーションはそれら各要

---

[1] 木村政康「VT法（ヴェルボトナル法）」鎌田修、川口義一、鈴木睦 編著『日本語教授法ワークショップ』凡人社、1996a、151-175 頁。

素が複雑に絡み合って機能している。この全体構造という原理に基づいて開発されたのがSGAV方式である。SGAV方式では、音声・文法・意味・形態・語彙などを個別に学習させるのではなく、音声言語を一つのまとまりとして扱う。また、音声も単なる物理的音声としてではなく、言語というまとまりのなかで指導する。具体的には、

① 教授現場を現実の言語活動にできるだけ近い状況に置く。

② そのために、母語などの媒介言語は使用せずに、目標言語を使用して直接法で指導する。

③ 教材には学習内容が容易に理解できるような映像と音声を結び付けた対話形式でかつストーリー性のあるものを用意する。

④ 単元を全体的（おおまか）に理解させることから始め、次に部分的な指導に移る。

⑤ 音声教育、特にリズム、イントネーションの学習を優先させる。

このようにSAGV教授法では、音声・文法・意味・形態・語彙などを個別的に学習させるのではなく、音声言語を一つのまとまりとして扱い、言語外要素を考慮し全体構造的に習得させることを目標としている。中級、上級レベルでは高度な語彙や文法項目が導入され、部分の指導が多くなるが、この段階でも常に全体構造を考慮することが大切であると主張している。

（3）身体は音声の伝送体、受容体として役割を担う。

音声は、聴覚・調音器官だけで聞き取り、生成されるのではなく、同時に身体（骨、腱、筋肉、皮膚）を通じて振動として知覚される。すなわち、音声の聴取・生成は、身体全体と聴覚・調音器官との相互作用であると言える。子供は、生後15日～1カ月ほど、手足でリズムを取りながら喃語を発するようになる。1才を過ぎると音の出るおもちゃを持ち、身体を動かしながら音節を発する。やがて言葉を話すようになるが、音声を発しているだけでなく、同時に自分の発話音を聴覚と身体を通して聴き取っているのである。言語体系が完成すると動きは小さくなり、運動なしでも話すようになる。普通、子供は歩く・話す行為をほぼ同じ時期に始めるが、聴覚に障害のある子供は運動機能の発達が遅い。このように、生理学的・病理学的観点からみても、

5 「VT法（Verbo-Tonal Method）」

身体は言語音の聴取、再生に何らかの関わりをもっていることが分かる。また、我々は調音と同時に舌の動きを感じたり、口頭、首、胸部、腹部にも振動や筋肉の緊張を感じたりすることができる。グベリナによれば、/p/は胸部で、/ta/は両肩で、/ka/は背中で知覚されるという。

身体の動きと聴取・調音活動との関係は、次のような例からも理解することができる。「アッ」と強く、「アー」と長く、また繰り返し「ア、ア、ア、ア、ア」とそれぞれ発音すると同時に、それらの音を誘導するように手を動かしてみる。動きがそれぞれの発音に対応していることが分かるであろう。試しに、「アッ」と強く発音した時の動きで「アー」と発音しようとしても思うように言えないはずである。

このように、身体は音声の受容体・伝送体として機能しているのである。身体全体を聴覚・調音器官と捉え、マクロ（身体全体）の動きで、ミクロ（調音器官）の動きを誘導し、正しい聞き取りと生成を促す。

（4）人間の脳は、言語の理解に必要な最適要素に基づき機能する。

話し言葉を通じて思考や感情を相互伝達する場合、脳はそれら全体の要素を受容するのではなく、コミュニケーションで必要とされる言語要素（音声、文法、語彙、形態など）、言語外要素（状況、場面、身振り、表情、態度など）のうち最適な要素のみを選択し、言葉を理解している。大人の脳は、完成された母語体系に基づいて機能しており、外国語を自然に効果的に習得するのは容易ではない。外国語の効果的な習得には、外国語の最適な言語・言語外要素を的確に指示・伝達し、脳を再構築化することが不可欠である。

最適（オプティマル）という概念は、ある文法項目を導入する際の最適文脈、最適な映像・場面、最適な身振り、最適な周波数など、いろいろな場面で使用されている。例えば、人間の聴覚は、全音声スペクトルを聴取するのではなく、健聴の場合は母語を聴取するための最適周波数帯域に、障害のある耳の場合は残存聴力に基づき機能している。外国語音声を繰り返して提示されても正しく聞き取れないのは、聴覚が母語の最適周波数帯域に対して機能しており、外国語音声を母語の音声フィルターを通して歪めてしまうからである。

（5）リズム、イントネーションは音声言語全体を統合する要素である。

幼児の喃語には、母語の特徴的プロソディが既に含まれており、幼児は喃語のプロソディを用いてコミュニケーションを行っている。特

に、リズムとイントネーションは、人間に本来共通する生理的枠組に属するものであり、各言語特有の「〜語らしさ」を担うと共に、情緒性や意思を伝達するコミュニケーション活動には不可欠な言語要素である。また、それらは音声言語全体を一つにまとめる役割も果たしているため、リズム、イントネーションの習得を優先すれば、単語の指導や矯正も容易になる。

話し言葉は、リズムとイントネーションが言語を一つにまとめ、各言語を特徴づける働きをしている。よって、話し言葉の指導においては、それらの習得を優先させるべきである。また、身体全体で音声を知覚し、生成（再生）していることから、正しい身体全体の動きから正しい発音を誘導することができると言われている。

「VT法」は、身体全体が受容器官と伝達器官の両方として機能していることを特に強調している。身体全体の運動（マクロ運動）から、調音器官の運動（ミクロ運動）を誘導できるのだ。この調音器官の運動を導くための身体の運動を「身体リズム運動」と言う。

「身体リズム運動」では、リズムのほかに、「緊張と弛緩」が重要である。音声を生成するとき、緊張が大きいときには高い音、小さいときには低い音となる。このことを利用して身体を緊張させ力強い運動をすると、音調の高い音を発音するための条件が作られ、弛緩させると低い音となる。

日本語においても「日本語らしい発音」にはイントネーションなどの韻律要素が大きく影響するということが近年の研究で明らかになっていると述べた。日本語のリズム、イントネーションをこの「VT法」の「身体リズム運動」を用いて指導できれば、学習者の「自然な発音、イントネーションで話す」というニーズに応えられるのではないだろうか。

5.2 「VT法」に基づく発音指導の原理

次に、「VT法」に基づく発音指導の原理を列挙する。

① 調音法の指導を優先させるのではなく、全体構造の中で聴取を優先する。

5 「VT法（Verbo-Tonal Method）」

② リズム、イントネーションの指導を単音指導に優先させ、学習言語の「〜らしさ」を定着させる。
③ 調音活動に伴う音声的緊張性を重視する。
④ 総体としての音声を崩さないという意味で、単音指導に際しても、言葉の意味・プロソディ・状況・場面などを考慮する。
⑤ 母語による調音習慣は、母語により条件付けられた無意識的現象であり、言語音を習得するためには、分析的、意識的ではなく、自然に無意識的に学習できるよう指導する、などである。

外国語学習者は、母語の音韻体系に基づいた音声上の誤りをする。この音声上の誤りは一つの体系をなしており、母語と学習する外国語の種類により異なる。外国語音声の生成（再生）は、調音習慣を若干変化させようと働き、調音器官の生体反応によって拒絶されてしまう。その結果、外国語音を自分にとり最も聴取しやすい慣れ親しんだ母語の音に置き換えて発音することになる。こうした、外国語の音韻体系と母語の音韻体系の相違により生じる音声上の誤りを、言聴聴覚論では「置き換えの体系」と呼んでいる。効果的な発音指導を行うためにも、学習者の置き換えの傾向、種類、頻度などを考慮することが大切だとしている。

「VT法」では、学習者の音声上の誤用を発音法や発音点の相違ではなく、音声的緊張（発音活動に伴う発音器官の緊張）で説明している。この考えに従えば、緊張過度が原因の場合は発音を弛緩させ、弛緩が原因の場合は発音を緊張させ矯正することになる。指導者は学習者の母語を知らなくても誤用の原因を緊張と弛緩で説明できれば、矯正すべき方向を見いだせるだろう。

5.3　先行研究

日本では「VT法」は、1970年代から上智大学の聴覚言語障害センター（1977年開設）で実践され始めた[1]。しかし、主に言語障害のリハビリ

---

[1] クロード・ロベルジュ、木村政康『日本語の発音指導 — VT法の理論と実践 —』凡人社、1990。

のためのものであり、日本語教育においては、研究があまり行われていなかった。

5.3.1　川口氏による研究

川口氏[1]（1984）は、1982年度および83年度に、早稲田大学言語教育研究所日本語専修課程において、研究所内では最も高い日本語力を有する留学生を対象に「発音法」の講座を行った。そして、その発音と聴解上の問題点を分析した。その結果、正しい拍のリズム、正しいアクセント、自然なイントネーションが実現されていると、単音レベルでの発音の誤りはそれほど気にならないことを発見した。従って、発音教育ではこれら韻律的要素にもっと力を入れるべきであると川口氏は指摘している。

川口氏[2]（1987）が、1986年に試験的に行った「発音矯正課外指導クラス」の実践報告である。対象者は早稲田大学語学教育研究所の日本語専修学生で、「語彙・文法面では充分な習得が行われているが、発音には相当程度不自然さが残る発音」をしており、「個別の単音はもとより音調上での発音矯正の必要学生に対して行われた。川口氏は、「VT法」の中でも、外国語の発音習得、矯正指導のための「身体リズム運動」に注目し、発音指導を行った。それまで、外国語としての日本語の発音指導に「VT法」の「身体リズム運動」を応用した実践例の報告はなかったため、その具体的な方法、考察は非常に興味深く、参考になるものである。

川口氏[3]（1990）は、アクセント指導に「VT法」の「身体リズム運動」を取り入れ、様々な母語の学習者に手や首を動かしながら発音させた。そして、方法を工夫して変えることで効果があったケースについて報告し、アクセント練習のための「運動」には、「唯一絶対のものはない」と述べている。大事なことは、教師の自己受容性（発話音の位置・運動・

1　川口義一「発音指導の方法」早稲田大学日本語研究教育センター編『講座日本語教育』第 23 分冊、早稲田大学語学教育研究所、1984、48-63 頁。

2　川口義一「TPR 日本語初級授業における文法事項の配列の特徴」早稲田大学語学教育研究所編『語学教育論集』早稲田大学語学教育研究所、1987。

3　川口義一「日本語アクセント指導方法」クロード・ロベルジュ、木村政康編著『日本語の発音指導－VT法の理論と実際－』凡人社、1990。

5 「VT法（Verbo-Tonal Method）」

緊張を体感する感覚）を正しく再現でき、学習者にも物理的・心理的に受け入れやすいものであることではないかと思われる。あとは学習者の「創造性」に任せると述べている。

5.3.2 木村氏による研究

木村氏[1]（1996）は、「VT法」の基本となった言調聴覚論を解説したあと、日本語の発音指導を紹介している。イントネーション、促音、わらべうたリズムの指導方法が紹介されており、それぞれ代表的なものが取り上げられている。また、この文献にはビデオ（木村 1996）があり、模擬授業ではあるが、実際の授業風景を見ることができる。ビデオを見れば、具体的にどのような手の動きをするのかを確認することができる。

5.3.3 土岐哲氏の記述

動作を伴ったアクセントの生成指導技術は、この文献以外にも紹介されている。例えば、『日本語教育事典』には、土岐哲氏の記述で、アクセントの高低感覚を養うための具体的方法として「声の高低に合わせてこぶしを上下させる」方法が紹介されている（5.3.1参照）。ただ、この方法では「声に合わせて」とあるように、こぶしの動きはアクセントを視覚化するための補助手段であるにすぎない。一方、「VT法」の「運動」は、「運動」の繰り返しによって学習者の体に当該のアクセントのありかたを受容しやすいような環境を作るという意味で、より積極的な役割を担っているのである。

5.4 問題設定・仮説

以上が日本語教育におけるVT法の研究内容である。これで「VT法」のメリットやデメリットは大体理解ができたのではないだろうか。従来の日本語アクセントの指導は、主にカセットテープなどの音声教材を利用し、機械的に聴く訓練であったため、学習者が学習意欲を持てないと

---

1 木村政康「VT法（ヴェルボトナル法）」鎌田修、川口義一、鈴木睦 編著『日本語教授法ワークショップ』凡人社、1996a、151-175頁。

いう欠点もあった。これに対して「VT法」は、発音の習得を言語全体構造の枠組みで捉える視点を持っているという点でユニークである。さらに、音調上の特徴まで含めた発音指導を行うので有効な方法であると思われる。

　しかし、現在までの日本語教育における「VT法」の研究においては、その方法論を述べたものが多く、学習者は「VT法」の授業をどう感じているのか、実際に効果があるのかということについての報告は少ない。

　そこで、以下では『中国語母語話者を対象とした「VT法」によるアクセント指導』を行い、学習者がどういった感想、意見を持つのか、学習効果はあるのかということを明らかにしたい。

　「VT法」による指導効果を測定するため、まず、被験者を2つのグループに分ける。一つのグループは、「VT法」を用いて練習する実験群とし、もう一つのグループは、従来の指導法を用いて練習する統制群とする。実験群と統制群の指導前後での得点を分析することによって、「VT法」による指導効果を比較検証する。

6　実験1

6.1　実験の目的

中国語母語話者のアクセントの誤りに関しては、母語の干渉、訓練上の転移、過剰一般化など、様々な要因が挙げられるが、アクセントの機能も大きく関与しているものと思われる。中国語の声調は弁別機能が主たる機能であり統語機能は弱い。一方、日本語のアクセントは弁別機能よりも統語機能のほうが重要であり、話し言葉では2単語（以上）の連続が複合語なのか、別々の単語なのかアクセントによって決まる。中国語母語話者は、日本語アクセントの統語機能に対する認識が不十分なため、日本語の発音に際し、複合語をばらばらに読んでしまうことが多い。

日本語では、語が連続すると単独の語のアクセントが解消され語句全体が新しいアクセントになる。このときもっとも多く生じるのが中高型のアクセントで、これが日本語学習者には習得が難しいものの一つである（川口，2008）。

そこで、本章では中国語母語話者を対象とした「VT法」による日本語複合語アクセントの指導を行い、その効果を検証することを目的とする。

6.2　実験の方法

6.2.1　被験者の基準について

① 1年以上～3年未満日本に滞在する者で、中国語を母語とする中国語母語話者15名。

②「留学生（学生）生活」というキーワードで抽出した語彙計30個（付録資料1参照）を別々に被験者に呈示し、呈示した単語のアクセントに対して被験者がどれぐらい習得しているかを判定し、それに合わせて単語レベルを設定した。

③ 1-②の結果で被験者のレベルを評価する。

6.2.2　問題の作り方

① 1-②において、被験者全員が正しく答えることのできる単語（資料の中の灰色の単語）のみを抜き出す。（例：「駅」、「銀行」）

② 2-①で抜き出した単語15個のみを使って複合語を作る。ここでは、意味的な連合関係のない複合語を選んだ。（例：「駅銀行」など）

③ 2-②で作った複合語の中から、仮に36個を任意に選ぶ。

④ 2-②の単語群から仮に15個の単語を選ぶ。

⑤ 2-③と2-④で選んだ単語は全部51個で、複合語と単一語をランダムに混ぜた。

⑥ カードは3種類準備したが、その内容はアクセント型を考慮して均一とした。

6.2.3　実験手順

① 被験者15名を2つのグループに分け、8名は「VT法」を用いて練習するグループ、残り7名は従来の指導法を用いて練習するグループにする。

② 2-⑤で選んだ単語群をランダムに被験者に呈示し、見せる。（カード）

③ 「VT法」を用いて練習するグループ：

手の具体的な動きに関しては、川口[1]による、中高型「労働条件」のアクセントの指導手順（図6-1）。

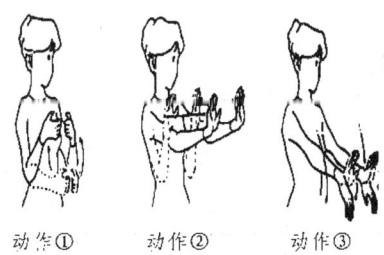

図 6-1　指導法

---

1 川口義一「日本語アクセントの指導方法」クロード・ロベルジュ、木村政康編著『日本語の発音指導－VT法の理論と実際－』凡人社、1996。

（1）まず、構えた手を上げていきながら［ロ－］を発音する。（動作①）

（2）次に、手首をゆっくりと起こしながら［ド－］を発音し、手を前方へ伸ばしながら続く長音と［ジョ－］を発音していく。（動作②）

（3）［ジョ－］の母音の後半部あたりから指先を下に向けはじめ、続く長音を発音しながら手を下げていき、手が下がりきらないうちに［ケン］を発音し終えるようにする。拍感覚を養うために［ン］に移るときのタイミングに注意し、両方の音が同じぐらいの長さになるように発音する。（動作③）

指導の具体的な流れとしては、教師が手の動きをしながらモデルの発音を示し、被験者は教師と同じ動作をしながら発音練習をする。練習時間は15分で、被験者個人が手の動きと共に発音し、うまく発音できない箇所については、手の動きに関してコメントを与えながら、よりよく発音できるように手の動きを修正する。練習が終わったら、手の動きをせずに発音してみる。

一方、従来の指導法を用いて練習するグループではまず、教師が被験者にカードを見せながらモデル発音を示す。その際、被験者は教師のモデル発音について発音する。その後、練習時間15分を与えて反復練習をする。練習が終わった時点で、最後にもう一度発音をチェックする。

また、3-②をチェックする際、大事なのは複合語の発音の正誤と別々の単語の正誤である。

6.3　実験の結果

その結果を示したものが表 6-1 と表 6-2 である。

表 6-1　「VT法」無しの実験結果

B（「VT法」無し）				
被験者	誤用数	誤用率	改善数（X）	改善率（X/Y）
B-1	30	58.8%	13	43.3%
B-2	32	62.7%	7	21.9%

续表

B-3	35	68.6%	8	22.9%
B-4	23	45.1%	13	56.5%
B-5	32	62.7%	8	25.0%
B-6	31	60.8%	10	32.3%
B-7	32	62.7%	7	21.9%
合計	215		66	
平均	30.7	60.2%	9.4	31.9%

表 6-2 「VT法」有りの実験結果

A（「VT法」有り）				
被験者	誤用数	誤用率	改善数（X）	改善率（X/Y）
A-1	37	72.5%	28	75.7%
A-2	5	9.8%	4	80.0%
A-3	8	15.7%	7	87.5%
A-4	34	66.7%	30	88.2%
A-5	27	52.9%	24	88.9%
A-6	4	7.8%	3	75.0%
A-7	20	39.2%	19	95.0%
A-8	30	58.8%	27	90.0%
合計	165		142	
平均	20.6	40.4%	17.8	85.9%

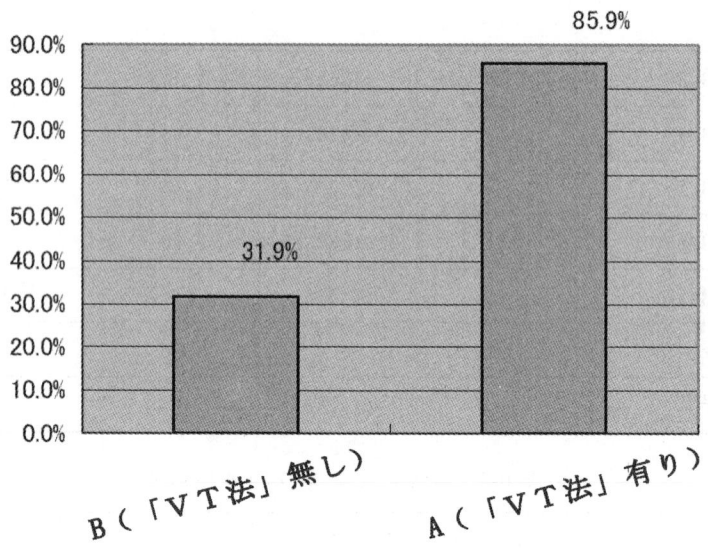

図 6-2 改善率の比較

　被験者の得点から分かるように、誤用数が同じ 30 個の B-1 と A-8 を比較してみると、B-1 は誤用数の 30 個の内、13 個しか改善できなかった。これに対して「VT法」有りの A-8 は誤用数の 30 個の内、27 個も改善した。およそ、2 倍ほどの改善がされたのである。また、誤用数が 35 個の B-3 と誤用数が 34 個の A-4 を比較した場合、B-3 は誤用数が 35 の内、8 個しか改善できなかった。これに対して、A-4 は誤用数が 34 個の内、30 個も多く改善することができた。

　グループ全体で見ると、図 6-2 が示すように、「VT法」無しのグループ B の改善率は平均 31.9%、「VT法」有りのグループ A の改善率は平均 85.9%であった。結果から見ると、アクセントの明示的な指導によって、一般にアクセント誤用が改善できること、「VT法」を用いたグループは、従来の指導法を用いたグループより、効果が著しくあることが明らかになった。

6.4　考察と課題

　以上、本章では中国語母語話者を対象に、「VT法」による複合語アクセント指導を行い、その効果を実験により検証した。

学習者がアクセントの指導を受けることで、指導前と比べるとより発音を意識するようになったことが分かった。また、「VT法」を使わなくて複合語を指導のする際、アクセントの上昇、下降する箇所が曖昧で分かりづらいことがよくあるのに対して、「VT法」の「身体リズム運動」による視覚的な情報を与えることで、ある程度改善することができたと考えられる。

　しかし、この実験で問題点も残った。被験者を2つのグループに分ける際、グループ間の差を平均化することができなかったため、実験1に関しては、一定の傾向は見られるが、厳密な量的分析まではできなかった。被験者17名を2つのグループに分ける際、発音テストの成績と日本での滞在期間、日本語学習経験などを考慮して、日本語能力がほぼ同じだと判定できる中国語母語話者をそれぞれに分けたため、実験1では、一定の傾向は見られものの、厳密的な比較を行うためのグループ統制にはまだ不十分なところがある。

　次の段階として、複合語のアクセントだけでなく、複合語以外の単語についても正しい発音ができるよう指導法についての研究を深めていく必要があると考えた。

7　実験2

7.1 実験の目的

　中国語は、日本語と同じ高低アクセントをもつ言語であるが、その性格には著しい違いがある。日本語では「アメ」や「大工」のように音節と音節が結びついたその音節間の相対的な高さの差が問題になるのに対して、中国語では一つの音節の中での、例えば[mɑ]なら、[mɑ]の中の音の高さの変化（四声）が意味を持つのである。高く平らに発音する場合は「母」、しり上がりに高く発音する場合は「麻」の意味となり、いったん下がって、また高く発音する場合は「馬」であり、高く始まって急激に下がって終わるのは「罵」の意味を持つ。

　中国語母語話者が持っているこのような母国語のアクセントは、日本語の正しいアクセントの習得に影響を与え、干渉することが多い。中国語母語話者は中国語の声調に引かれて日本語を発音する傾向があるのだ。

　そこで、本章では中国語母語話者を対象とした「VT法」による日本語単一語アクセントの指導を行い、その効果を検証することを目的とする。

7.2 実験の方法

7.2.1 実験単語に関して

① 国立国語研究所報告21『現代雑誌九十種の用語用字』（1962）[1]の語彙表に揚げる高使用率の語および『教育基本語彙』[2]に選ばれた2万2500語のうち、上掲書と重複しない語の中から、名詞（複合語を除く）だけを取り出す。

② 1-①の単語の中で、日本語の発音に際し、中国語の四声が干渉しうると思われる単語（平板型と頭高型のみ）を抜き出す。その際、「四声

---

1 『現代雑誌九十種の用語用字』国立国語研究所報告第21、国立国語研究所、1962。
2 国立国語研究所『日本語教育のための基本語彙調査』、1984。

の干渉」に関しては、中国語母語話者が発音を誤りやすい単語に関する文献（10～14）などを参照し、「日本語発音アクセント辞典」と照らし合わせて選定した。

　　例：頭高型を「中高型」に読む　　かがく（科学）→かがく
　　　　　　　　　　　　　　　　　　そこく（祖国）→そこく
　　　　平板型を「中高型」に読む　　わたし（私）→わたし
　　　　　　　　　　　　　　　　　　なまえ（名前）→なまえ

7.2.2　被験者に関して

① 被験者は1年以上～3年未満日本に滞在する者で、中国語母語話者18名。女性：11名、男性：8名であった。平均年齢は26歳であった。

② 被験者の日本語全般のレベルを知るため、被験者には日本語能力試験2級レベルの試験を受けてもらった。（所要時間：1時間）

③ 試験内容は過去の能力試験2級の内容を独自に編集することにより、公的には無効力な2級試験問題を独自に作成した。その際、被験者にはそれが日本語能力試験2級であることを呈示しない。

④ 試験は留学生会館や大学の一室を借りて、可能な限り同日時に被験者それぞれに実施する。

⑤ その時間帯および周りの環境をある程度同一のものとし、筆者は試験監督としてその場に同席する。

⑥ 試験結果の点数に従い、被験者を平均化して2つのグループに分け、グループごとに1-①で挙げた単語群を利用して、後日「VT法」による効力の違いを測定する主実験を行う。

⑦ t検定で2群の数値の差を検定してから実験する。

7.2.3　問題の作り方

① ビデオの作成：ターゲットの呈示回数、被験者の練習回数を統一するため、1-①で上げた32個の単語でビデオを撮った。

② ビデオは2種類あり、視覚情報の統制を前提にした。1種類はアクセント記号が付けられたカードを撮影したもので、もう一種類は筆者が「VT法」による「身体リズム運動」で発音を示したものである。

③ 筆者の「VT法」による「身体リズム運動」を、具体的に説明すると以下のようになる。

i 平板型（政治）アクセントの指導手順：

まず、構えた手を上げていきながら[セ]を発音する。

次に、手首をゆっくりと起こしながら[イ]を発音し、手を前方へ伸ばしながら続く長音と[ジ]を発音していく。

被験者の指導に際し、教師は被験者の「運動」と発音の関連を観察する。[セ]の動作で手が上がりすぎていないか、[イ]を伸ばしているあいだ手がふらついてないかなどを見て、「運動」が適正に行われるように注意して行う。体を緊張させないように注意も穏やかにする。

ii 頭高型（経済）アクセントの指導手順：

頭高型の場合は、手を水平にして少し高目の位置から下降させる動作になる。これは、第2拍目低ピッチが持続し、再びピッチが上がることがないことを習得させるのに効果的だと考えられるからである。ここでは、手首の力を抜いて指先を下に向け、伸ばし続けていた腕の力を抜きながら手を下に下げていくことで、平たく高い部分の緊張を徐々に除いていくような動きにしたのが工夫したところである。「滝」のところから急速に脱力して手を下降させるのではなく、このような漸進的な動きにすることによって、下降の瞬間に強弱アクセント・声調アクセント的な激しい音声変化を防ぐことができる。

いずれにせよ、アクセントの指導は急激な動きの変化があってはならない。ピッチの高低差の比較が少ない日本語のアクセントの聴取と再生のためには、すべてが流れるように、それでいて一定の緊張を伴って行われることが肝要である。

平板型（政治）にアクセント記号が付けられたカードを撮影したもの。

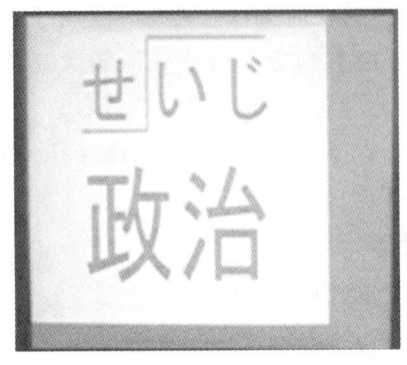

図7-1 「VT法」無し　　　　図7-2 「VT法」有り

頭高型（経済）にアクセント記号が付けられたカードを撮影したもの。

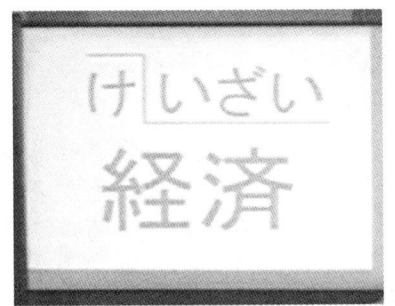

図7-3 「VT法」無し　　　　図7-4 「VT法」有り

7.2.4　実験手順

① まず、被験者18名を上の習熟度テストの成績により、"乱塊法"で二つのグループに分け、9名は「VT法」を用いて練習する実験群、残り9名は従来の指導法を用いて練習する統制群に分けた。

② 被験者の等質性について：2つのグループが等質であるかどうかを調べるため、総合的な日本語能力テストを行った。独立したサンプルの t 検定の結果、二つのグループの日本語能力には違いがないことが分かった[t（16）=0.539、p=.597]。

③ ビデオ2種類をそれぞれ発音してもらって録音した。

7.2.5 実験的処置の前後

① 発音の採点方法は、音の高低が合えば1語につき1点と計算する。日本人ネイティブスピーカー3人で評価し、1人1点、全員が正しいと判断すれば最大3点にした。2人が正しいと判断すれば2点、1人のみである場合は1点である。3拍の単語は16問で、4拍の単語は16問、全部で32問の単語を練習した。実験単語32個の内、「失礼」はアクセントパターンが違う（中高型）ため集計の際、採用しなかった。

② 筆者が録音テープを聞いて採点することにしたが、正確な判定評価のため、日本語ネイティブの方に得点を採点してもらった。（①参照）

③ 3人のネイティブスピーカーが得点を採点した結果90.2%の一致があった。

④ 3人ネイティブスピーカーの評価のばらつきの原因：

i アクセントの高低の判断：頭高型の評価はほぼ同様であった。

平板型－むかしを判定する際、むかしを1点とするか、0点にするかの判断のゆれがあった。

ii 個々人の話者の特徴により、発音の評価、長短の評価が違っていた。

個々人の話者の特徴により、関西方言では、語尾の長母音が短母音になるため，例えば：

旅行　りょこう→りょこーが正しいが、1人の評価者、旅行　りょこう→りょこの発音に対し 1 点と判定したが、もう一人の評価者は、旅行 りょこう→りょこの発音に対し、0点と判定した。

7.3　実験の結果

分析 1. アクセントの指導及び「VT 法」の効果についての分析。

アクセントの指導とその方法である「VT法」の効果を検討するために、2（指導の前後）×2（「VT法」の有無）の反復測定による分散分析を行った。平均と標準偏差は、表7-1に示した通りである。

表 7-1　指導の前後と VT 法の有無によるアクセント正答率（％）
及び指導前後の差

「VT 法」	指導前		指導後		指導前後の差
	平均	標準偏差	平均	標準偏差	
無し	50.35%	12.05	70.62%	20.14	20.27%
有り	52.43%	12.18	72.22%	16.35	19.79%
全体	51.39%	11.80	71.40%	17.81	20.01%

　指導の前後で同じテストをしているので、この得点を 2（「VT 法」の有無）×2（指導の前後）の分散分析を行った。その結果、指導の前後に有意な主効果があった $F(1、16)=28.321$、$p<.001$．これは、指導後のアクセントの正答率（M=0.714）が、指導前（M=0.514）よりも有意に高くなったことを示している。

　一方、「VT 法」の効果があるかどうかについては、有意な主効果はみられなかった $F(1、16)=0.086$、$p=.77$．

　したがって、指導の効果は大きかったが、「VT 法」という特定の方法がこの効果を生み出しているということは示さなかった。

　分析 2．指導および「VT 法」の効果についての分析結果の図示。

　a. 図 7-5 は、指導およ「VT 法」の効果についての分析結果を示した散布図である。

　b. 横軸は指導前、つまり一回目に単語 31 個を読んだ際の評価、縦軸は指導後、つまり被験者に指導をしてからの評価である。一つ一つの点は 18 名の評価者、つまり 18 名の被験者の発音に対する評価点を平均し、18 名の評価者各々について座標をとったものである。

　c. すなわち、対角線より上に点があるものは、学習者の評価が高くなったことを意味する。対角線沿いに集中している点、あるいは対角線以下の点については、効果がそれほど出なかったことが分かる。

7 実験 2

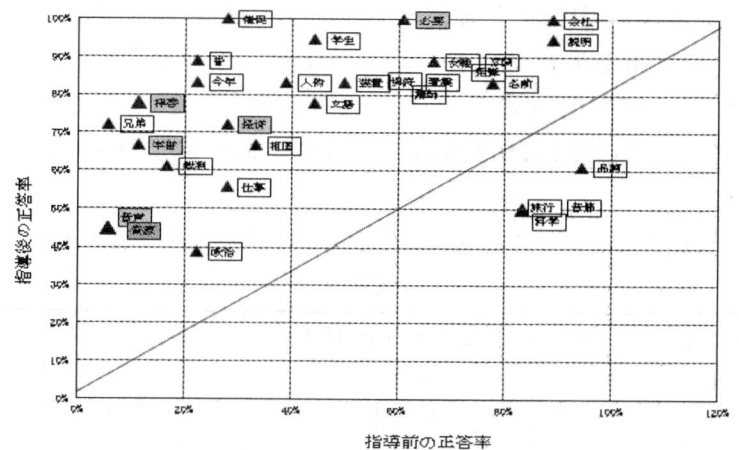

図 7-5　指導の前後における単一語のアクセントの正答率（%）
のプロッティング

注：灰色の単語は、母比率の差の検定で有意であったものを示す。

分析 3. 個々の単語による指導効果についての分析。

a.「VT 法」の効果はみられなかったが、アクセントの指導そのものの効果は大きかった。そこで、個々の単語について正答数と誤答数の比率を指導の前後で比較することにより指導の効果を個別に分析した。分析には χ 二乗分布を利用した母比率の差の検定を行った。この結果を、次のページに表 3 として示す。

b. 表 7-2 の χ 二乗値は、指導前後での正答率と非正答率の比率の差の検討である。

c. その結果、32 個の単語の中で、6 個の単語は指導することによって効果が上がったことが有意であることが分かった（例：「拝啓」「宇宙」「経済」「資源」「音声」「必要」）。つまり、全体のおよそ 20%は指導効果があるといえる。

d. 指導効果が向上した 6 個の単語は、その特徴を分析してみると「必要」以外の単語が全部頭高型であることが分かる。これに対して、指導効果が顕著でない残りの 25 個の単語の特徴を分析してみると、そのうち半分以上が平板型であることが分かる。（例：「切符」「今年」「会社」など）

57

e.このことから、中国語母語話者が日本語の単一語を発音する際、多くの日本語の単語を平板型で、しかも途中から低く落ちてしまう傾向があった。今回の実験で6個の単語は指導効果が顕著であることに対して、残りの25個の単語は指導効果があまり見出せなかったのではないかと考えられる。

表 7-2　指導の前後における刺激語のアクセントの正答率（％）母比率の差の検定結果

単語	指導前（n=18）			指導後（n=18）			指導前後の正答率の差	カイ二乗値と有意確率
	正答者数	非正答者数	正答率	正答者数	非正答者数	正答率		
拝啓	2	16	11.11%	14	4	77.78%	66.67%	χ2(1)=16.200, p<.001
宇宙	2	16	11.11%	12	6	66.67%	55.56%	χ2(1)=11.688, p<.01
経済	5	13	27.78%	13	5	72.22%	44.44%	χ2(1)=7.111, p<.01
必要	11	7	61.11%	18	0	100.00%	38.89%	χ2(1)=8.690, p<.01
音声	1	17	5.56%	8	10	44.44%	38.89%	χ2(1)=7.259, p<.01
資源	1	17	5.56%	8	10	44.44%	38.89%	χ2(1)=7.259, p<.01
祖国	6	12	33.33%	12	6	66.67%	33.33%	χ2(1)=4.000, p<.05
催促	5	13	27.78%	18	0	100.00%	72.22%	χ2(1)=3.462, n.s.
兄弟	1	17	5.56%	13	5	72.22%	66.67%	χ2(1)=0.062, n.s.
昔	4	14	22.22%	16	2	88.89%	66.67%	χ2(1)=0.161, n.s.
今年	4	14	22.22%	15	3	83.33%	61.11%	χ2(1)=1.004, n.s.
学生	8	7	44.44%	17	1	94.44%	50.00%	χ2(1)=2.813, n.s.

续表

単語	指導前（*n*=18）			指導後（*n*=18）			指導前後の正答率の差	カイ二乗値と有意確率
	正答者数	非正答者数	正答率	正答者数	非正答者数	正答率		
裁判	3	15	16.67%	11	7	61.11%	44.44%	χ2(1)=0.180, n.s.
人物	7	11	38.89%	15	3	83.33%	44.44%	χ2(1)=2.291, n.s.
装置	9	9	50.00%	15	3	83.33%	33.33%	χ2(1)=0.400, n.s.
文語	8	10	44.44%	14	4	77.78%	33.33%	χ2(1)=0.900, n.s.
切符	10	8	55.56%	15	3	83.33%	27.78%	χ2(1)=3.545, n.s.
仕事	5	13	27.78%	10	8	55.56%	27.78%	χ2(1)=0.865, n.s.
看護	11	7	61.11%	15	3	83.33%	22.22%	χ2(1)=0.234, n.s.
講師	11	7	61.11%	15	3	83.33%	22.22%	χ2(1)=1.606, n.s.
女性	12	6	66.67%	16	2	88.89%	22.22%	χ2(1)=0.281, n.s.
政治	4	14	22.22%	7	11	38.89%	16.67%	χ2(1)=0.417, n.s.
玄関	13	5	72.22%	16	2	88.89%	16.67%	χ2(1)=1.675, n.s.
組織	13	5	72.22%	16	2	88.89%	16.67%	χ2(1)=2.714, n.s.
会社	16	2	88.89%	18	0	100.00%	11.11%	χ2(1)=0.450, n.s.
説明	16	2	88.89%	17	1	94.44%	5.56%	χ2(1)=0.364, n.s.
名前	14	0	77.78%	15	3	83.33%	5.56%	χ2(1)=0.177, n.s.
品詞	17	1	94.44%	7	11	61.11%	33.33%	χ2(1)=0.674, n.s.

续表

単語	指導前（n=18）			指導後（n=18）			指導前後の正答率の差	カイ二乗値と有意確率
	正答者数	非正答者数	正答率	正答者数	非正答者数	正答率		
旅行	15	3	83.33%	9	9	50.00%	33.33%	χ2(1)=0.257, n.s.
科学	15	3	83.33%	9	9	50.00%	33.33%	χ2(1)=0.257, n.s.
音節	16	2	88.89%	9	9	50.00%	38.89%	χ2(1)=1.800, n.s.

分析 4. 指導の前後における被験者の正解率の差についての分析。

a. 指導の前後においてアクセント指導の効果が大きかったので、どういう被験者に対して効果があったのかを調べるため、指導の前後における被験者の正解率の差の検定を行った。

b. 表 7-3 は、指導の前後における被験者の正解率の差の検討である。

c. 上位群と下位群の分け方は、グラスとは関係なしに指導前の発音テスト得点の平均値 49.82 を基準に、平均値以下のグループは下位群に、平均値以上のグループは上位群にし、それぞれ 8 人、10 人とした。

d. 上位群は指導前の平均テスト得点は 62.1 点、指導後の平均テスト得点は 78.2 点である。指導の前後において得点の差は 16.1 点であった。これに対して下位群は、指導前の平均テスト得点は 40 点、指導後の平均テスト得点は 68.1 点である。指導の前後において、テストの得点の差は 28.1 点にもなった。この結果を図 7-6 として示す。

e. このように下位群の被験者に対しては、指導の効果は非常に大きかったが、上位群の被験者に対しては、指導前と指導後の得点の差があまりないことが分かる。理由として、下位群の被験者は発音の変化の時期なので、発音指導を受けることにより指導の効果が顕著であったと考えられる。それに対して上位群の被験者は、上級になって誤った習慣や知

7 実験 2

識が定着した段階では発音の指導効果がそれほど顕著でないことが考えられる。

　f. しかし、上位群の被験者に対するアクセント指導は決して手後れというわけではなく、段階に応じた様々な教育形態を教師側が用意しておく必要があると考えられる。

表 7-3　被験者の指導の前後における正答率（％）の差の結果

被験者 （A―「VT法」あり） （B―「VT法」なし）	指導前（n=31）		指導後（n=31）		指導前後の 正答率の差
	正解数	正答率	正解数	正答率	
A-1	13	41.94%	26	83.87%	41.94%
A-2	21	67.74%	25	80.65%	12.90%
A-3	10	32.26%	21	67.74%	35.48%
A-4	18	58.06%	23	74.19%	16.13%
A-5	14	45.16%	25	80.65%	35.48%
A-6	21	67.74%	28	90.32%	22.58%
A-7	14	45.16%	17	54.84%	9.68%
A-8	14	45.16%	28	90.32%	45.16%
A-9	10	32.26%	14	45.16%	12.90%
B-1	22	70.97%	29	93.55%	22.58%
B-2	18	58.06%	28	90.32%	32.26%
B-3	18	58.06%	17	54.84%	−3.23%
B-4	10	32.26%	25	80.65%	48.39%
B-5	20	64.52%	27	87.10%	22.58%
B-6	16	51.61%	17	54.84%	3.23%
B-7	11	35.48%	13	41.94%	6.45%
B-8	15	48.39%	28	90.32%	41.94%
B-9	13	41.94%	14	45.16%	3.23%

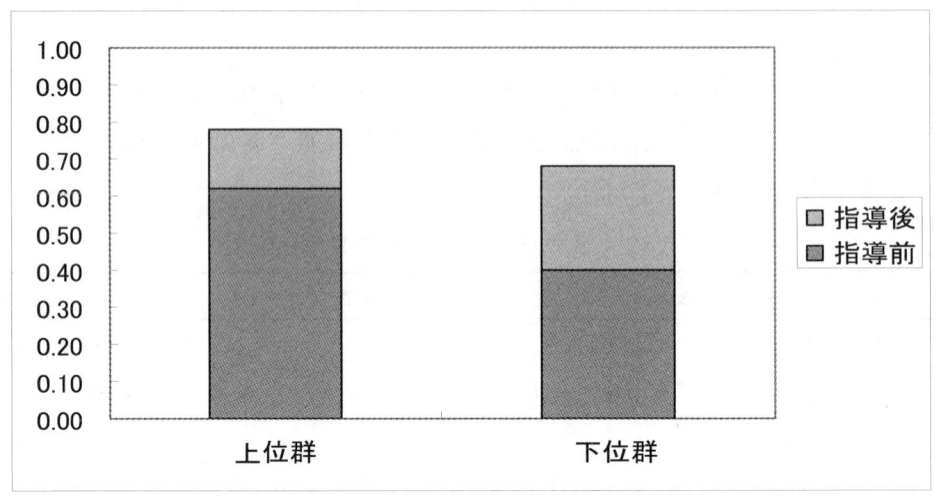

図 7-6　指導の前後における被験者の正解率の差

分析 5.　上位群・下位群の指導前の成績（平均値の差）の検定。

a. 指導の前後において、被験者の正解率に差があったため、上位群と下位群の指導前の成績（平均値の差）が有意であるかどうかを検討した。

b. 上位群・下位群の指導前の平均値の差を、等分散の検定で分析したところ、有意差は見られなかった。そこで、平均値の差の等分散を仮定したt検定を行った。その結果、上位群と下位群に 5%水準で有意差が見られた。t（16）=7.22、$p<.001$。このことは、上位群（M=0.62）が、下位群（M=0.40）よりも有意に高くなったことを示している。

分析 6.　指導の前後における、上位群・下位群の両群の伸び率の差の検定。

a. 上位群と下位群の伸び率の差が有意であるかどうかを検討した。

b. 指導の前後における伸び率の差は、等分散の検定で有意差が見られた。そこで、等分散を仮定しない平均値の差の検定を行った。その結果、平均値の差は 5%水準で有意でないことが分かった。t（16）=1.71、$p>.001$。このことは、指導の前後における両群の伸び率、下位群（M=0.281）が、上位群（M=0.161）より高くなったことが有意でないことを示している。

c. このことから、二つの要因が考えられる。一つは、上位群も下位群も人数が少なすぎるため、有意な主効果が見られなかったのではないかという点である。もう一つの要因としては、上位群も下位群も共にバラつきが大きかったため、有意な効果が得られなかったのではないかということである。

7.4 考察と課題

　以上、本章では中国語母語話者を対象にして、「VT法」による単一語アクセント指導を行い、その効果を検証した。
　被験者のアクセントの指導そのものの効果は大きかったが、「VT法」の効果はみられないことが分かった。また、今回採用した指導法は全ての単語に有効だったわけではない。およそ20%の単語については効果があったが、全般的に指導効果があるとは言いにくい。全体のおよそ15.3%の単語には発音の指導に効果が見出せなかった。指導の時間が15分と短かったため、効果がすぐに出なかったのかもしれない。その原因が何であるのかを調査するのは今後の課題である。
　教師の役割は、学習者を指導するよりも、学習者を支援することにあると考えられる。聴覚的情報、視覚的情報、「VT法」に基づく「身体リズム運動」による情報など、さまざまな情報を学習者に提供し、その中から自分に適した学習方法を見つけさせることが肝要であると思われる。

8 考察と要約

8 考察と要約

　以上、本研究では、中国語母語話者を対象に、「VT法」の指導効果を検証した。
　実験1では、複合語アクセントの指導について、「VT法」を使った場合と、「VT法」なしの指導による効果を測定した。これによって、複合語アクセントの誤りを正すことができることが分かった。しかし、統計処理が十分にできなかったため、全体的な傾向しか見られなかった。
　実験2では、単一語のアクセント指導を行った結果、被験者のアクセント指導そのものの効果は大きかったが、「VT法」の効果は見られなかった。また、習熟度のテストの成績から見ると、今回の実験に参加した被験者たちは、日本語能力が初級・中級レベルである。彼らは既にある一定のレベルの日本語の発音、アクセントの能力を獲得していると言える。以上のことから仮説が立てられる。もしかすると「VT法」は、日本語能力が初級レベルの学習者には、効果があるのかもしれないということだ。日本語の知識がほとんどなく、学習初期段階で効果があるとすれば、「VT法」の利用方法の意義が増すかもしれない。しかし、この問題は今後の課題である。
　「唯一無二の教授法はない」「学習者の適正に合わせた教育」という言葉があるように、人によって効果的な指導方法は異なる。「母語別の指導」を考えるとき、重要なのは、ある指導方法はある母語話者にしか使えないと思い込むよりも、誤りの原因が異なっていても他の言語話者に使ってみるということだ。また、一つの指導方法にこだわることなく、効果的な方法があれば、それが伝統的音声学の理論から多少逸脱しても実践するべきである。すなわち、より効果的な教育方法を模索し続けることが重要なのだ。今後は「VT法」をもとにして、さらに指導方法を検討し、研究を深めていきたい。

1 序 论

1 序论

1.1 研究目的

笔者在教授母语为中文的学习者日语时发现,虽然可以在学习者们谈话中出现发音错误时,及时指出错误的地方,然而,明确如何有效地指导他们修正这些错误则是困难的。因此,本研究旨在以中文母语者为对象,探讨有效的日语声调指导方法。

1.2 研究动机

在去日本之前,笔者就已从日语专门学校毕业,并在中国的一所中学担任过日语教师。从那时起,笔者就对如何教授初学者正确的发音、声调和会话产生了浓厚的兴趣,并进行了相关研究。以下简要阐述笔者在这六年的教学经验中获得的一些心得。

教师的发音、声调和语调常常对学生有着绝对性的影响,对于没有外部语言输入的学生来说其影响程度则更是不言而喻。这些学生通常只能模仿教师的发音和讲话。因此,在开始讲解新的课文之前,笔者都会先让学生反复听录音带,以尽量确保他们能正确发音。在讲解词汇之前,笔者也一定会在给学生朗读课文后播放录音带,以尽可能地给学生留下教师的发音与录音带中的发音相似的印象。在讲解词汇时,笔者则会逐个给单词标注声调,以避免发音错误。此外,笔者也严格要求学生,若是学生发音错误,则让他们反复朗读,直到正确为止。在这些措施的影响下,学生的发音错误也逐渐减少了。

接着,笔者会有意识地创造日语语言环境,尽可能地让学生们的语言环境里有日语输入。没有日语环境往往意味着日语输入的匮乏,这对学生来说是最大的问题。而对于无论是在家里还是在学校,抑或是朋友之间的交流中习惯了用母语的学生来说,要求他们迅速用日语交流是不现实的。因此,笔者充分利用45分钟的课堂时间,尽可能地为学生们创建语言环境。

在课堂开始后的5分钟内，笔者会让学生从基础的日常用语开始练习。按照顺序，一开始会进行教师和学生之间的对话，然后过渡到学生与学生之间的对话。例如，先从"今天是几号？""今天是几月几号？""今天是几月几号星期几？"这样最简单的对话开始，然后逐步过渡到"你将来打算做什么？""长大后你想成为什么样的人？""你的梦想是什么？"等更复杂的问题。当学生开始主动开口后，笔者会进一步让学生进行概括句子的训练。在这之前，要先由教师用已经教过的最简单的词汇进行浅显易懂的讲解，然后让学生们模仿。这样，学生自然能够集中精力，同时听力也得到了训练。学生能够听懂别人的话时，他们就会自然地开口说话，并能够回答别人的问题。这样下来，45分钟的课堂就会变得非常热闹和有趣。而且，起初对日语不感兴趣的学生们也逐渐对日语产生了兴趣。

像这样通过多个方面的努力来提高学生日语发音水平，学生们对声调的认知逐渐发生了变化，发音也逐渐变好。

然而，在实际的会话教学中，虽然能够指出学习者在会话中发音错误的地方，但如何有效地指导他们纠正这些错误常常让笔者感到困惑。在寻找答案的过程中，笔者尝试了录下自己以及日本人说日语时的声音，并将其反复播放以进行对比等方法。但学生在很多发音上总是难以达到预期效果，即使纠正后正确发音过一次，再说一次时又会回到原来的错误发音，同时也会导致无法达到教师和学生都满意的课堂教学效果。

起初，笔者认为中学日语教学的实践"研究"与研究生阶段的"研究"要求有着很大的不同。但实际上，研究的构思本身也可以从教学现场获得，因此笔者在教学过程中始终保持问题意识。

到日本后，笔者在广岛大学教育学部旁听了日语教育学讲座。初始阶段，笔者听了许多面向本科生的概论性课程，掌握了基础知识，同时努力吸收更深入的日语教育学和日语语言学的知识。在之后的研究生阶段，笔者一边听教育学部日语专攻的讲座并整理归纳所学的基础知识，一边收集与自己研究内容密切相关的日语语音学、语言学及日语教育学论文，进行了文献阅读。基于所获得的知识，笔者对自己到日本前在中国实施的日语教学方法进行了批判性审视，并深入探讨了提升教学技术的具体措施。

1　序论

在研究过程中，笔者首先接触到了日语教学法理论中的"声调-听觉理论(Verbo-Tonal System)"及建立于其基础上的"VT法（Verbo-Tonal Method）"。在去日本之前的日语声调教学中，笔者主要利用磁带进行机械的听力训练，这种方法虽然有助于发音训练，但却不仅不能激发学生的学习兴趣，反而还容易让学生感到枯燥乏味。相对而言，"VT法"的独特之处在于它将发音的学习置于语言整体结构的框架中。此外，"VT法"包含了声调特征的发音指导这一特点，还弥补了其他教学法理论中的不足，为其提供了有效的补充方法。

因此，本研究旨在以中文母语者为对象，研究"VT法"在日语声调指导中的特点和效果。

本研究的论文结构如下：

第2章分析中文与日文声调的差异，并探讨和分析中文母语者在日语声调上的误用情况及原因。

第3章介绍现有的日语声调指导方法的研究，并探讨其问题点。

第4章分析语音教育的地位与作用，并从日本国内和海外两个视角探讨日语声调指导的现状及存在的问题。

第5章介绍"VT法"，考察基于"VT法"的相关先行研究，提出问题设定和假设。

第6章叙述以中文母语者为对象，进行的"VT法"日语复合词声调实验的内容。

第7章叙述以中文母语者为对象，进行"VT法"日语单词声调实验的内容，并就其结果展开讨论。

第8章则进行本论文的考察和总结。

2　中文与日文声调的差异

2 中文与日文声调的差异

    中文（普通话）和日文（东京方言）都属于高低声调语言，但正如许多文献指出的那样，两者的表现方式存在显著差异。中文的音高在一个音节内变化，而东京方言的高低声调则是以拍子为单位的相对高低音。因此，日语的音高在音节内不变，而在音节与音节之间，即拍子与拍子之间发生变化[1]。

    这种母语中的声调特点会影响中文母语者学习正确的日语声调，并且会常常干扰到其发音。即，在进行日语发音时，中文母语者往往会受到中文声调的影响，倾向于以中文的发音方式来发音[2]。

    因此，第2章将分析中文与日文两种语言在声调方面的差异。本研究以中文母语者为对象，因此有必要探讨中文作为母语对日语声调学习的影响。

    基于上述前提，本章的结构如下：

    首先，在分析日语和中文两种语言声调差异的基础上，探讨中文母语者在日语声调发音中的问题并阐述声调在日语学习中的重要性。

2.1 中文（普通话）的四声

    中文声调有一个显著的特征，即每个汉字的音节都有高低声调，这被称为"声调"。中文的声调分为四种基本声调，称为"四声"。对中文"四声"的简要说明如下：

    第一声：声调高且平稳，发音类似于汽笛的"ポー"。

    第二声：从中等音高迅速上升到最高音高，相当于"えっ、ほんとう？"中的"えっ"部分。

    第三声：从较低的音高缓慢升高，类似于"いいえ、ちがう"中的"いいえ"的发音。

---

1 水谷修「アクセントとイントネーションの習得法」『講座日本語と日本語教育 3 日本語の音声・音韻（下）』杉藤美代子編、明治書院、1990、103-104 頁。

2 尤東旭「中国人日本語学習者によく見られるアクセントの問題点」『新潟大学留学生センター紀要』5 号、1998、77-87 頁。

第四声：从最高声调迅速下降到最低声调，类似于"はい、わかった"中的"はい"。

以上"四声"如图2-1所示。

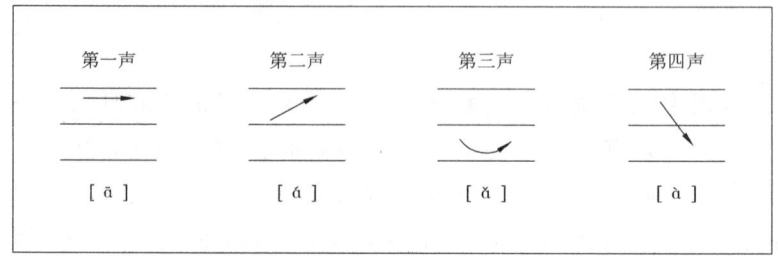

图2-1　中文普通话的四声

四声在区分词义方面发挥着重要作用，在中文中，即使发音相同，不同的声调也会改变词义，因此声调在中文中极为重要。一个常见的例子是：mā mā qí mǎ, mǎ màn, mā mā　mà mǎ（妈妈骑马，马慢，妈妈骂马）。这是一个绕口令，除了"骑"（qí）和"慢"（màn）以外，其余均由"ma"的发音构成，见表2-1。

表2-1　中文普通话中"ma"的声调

发音	意思
妈 mā（一声）	（名詞）お母さん
骂 mà（四声）	（動詞）罵る
马 mǎ（三声）	（名詞）馬

这句话的意思是"妈妈骑马时，由于马走得很慢，所以妈妈责骂了马。"如同片假名的标记所示，"マー"的一系列相似发音连续出现，但由于声调的不同，"マー"这一音节的排列就能被赋予如此多样的含义。因此，我们在说中文时必须清晰地发音，不能模糊声调，否则哪怕只是稍微拉长元音，音调抑扬不够清晰准确，就可能导致即使是简单的词汇也无法让对方理解，或者被误解为完全不同的意思。

如上所述，中文音节总是伴随着声调，因此声调在中文中是必不可少的。然而，中文声调的主要功能是区分词义，而在句法功能上较弱。以往

的中文声调教学主要讨论了声调的区分功能，而对其句法功能关注较少。这也导致了在日语复合名词，特别是当词汇构成要素有两个或更多时，误读率的增加。

相较于中文的声调，日语的高低声调具有显著不同的特征，接下来将详细介绍日语声调的特点。

2.2 日语的声调

在日常生活中，"アクセント"一词常用于表示强调的部分或给人留下深刻印象的地方，广泛应用于音乐、美术、时尚等领域。金田一春彦在《日本語発音アクセント辞典》的附录第18页中提道：

"アクセント"这个词已经被大众广泛接受。在音乐领域，将某个部分更大声地演唱被称为"アクセントをつけて(加重音)"，这种习惯早已存在；而在战后，它成为了美术和服饰领域常用的术语。例如"アクセントのないぼやけた作品（没亮点的模糊作品）""えりもとにアクセントをつけて…（在领口加上亮点）"等，这样的表达经常出现在电影杂志和女性杂志的文章中，"アクセント"这一词在这些领域被用来指代赋予整体以统一性的关键部分。[1]

在语言领域，"彼の話し言葉にはアクセントがある(他说话有口音)"等表述也广泛用于指代"方言"的意义。

相对而言，从狭义的语言学角度来看，声调的定义如下引用自金田一春彦的《国学語辞典》：

声调的定义包括以下几点：
・针对每一个词语
・作为社会习惯任意决定
・相对的高低（或强弱）的排列

---

[1] 金田一春彦「共通語の発音とアクセント」『NHK日本語アクセント辞典』日本語放送協会、1998、90-122頁。

像这样，日语声调的一个显著特点是其高低声调，而这与英语的强弱声调却不同。

所谓"针对每一个词语"意味着声调的基本单位是词。例如，在东京方言中，"雨"（あめ）和"飴"（あめ）通过音高区分，虽然这有时被人们称为"语调不同"，但从语音学的角度来看，这是同一个词内部的音高问题，因此应称为"声调不同"。

"作为社会习惯任意决定"指的是，像"雨"和"飴"的高低声调区分一样，声调的设置在某种方言中只是作为一种社会习惯确定的，并没有明确的解释或必要的原因。在东京方言中，"雨"有"高低"声调，而"飴"有"低高"声调，这种区分是习惯性的决定，而不是基于某种必然性。而在关西方言中，"雨"反而是采用"低高"声调。这种差异表明，声调模式并非由某种必然原因决定，而是没有特定理由的任意决定。

"相对的高低（或强弱）的排列"指的是声调的高低或强弱是相对的，而非绝对的。例如，音高的表示不是固定的150赫兹（低音）和200赫兹（高音），也不是固定的"低音是'ド（Do）'，高音是'ソ（So）'"，这些绝对音高的概念并不适用于此。相反，声调是通过与前后音的比较来确定的，即某个音相对于其他音是高还是低。因此，声调的高低或强弱是相对的，而不是绝对的。[1]

正如上述所言，声调是作为社会习惯任意决定的，自然会因方言的不同而有所差异。所以，在不同方言中的声调模式各异也是理所当然的。

在对声调定义做了简要介绍之后，接下来将探讨加瀬[2]关于声调的"式"和"型"、声调的特点及其功能等内容。

2.2.1 日语声调的"式"和"型"

根据有无声调核（滝）来分类的称为"式"，根据声调核位置来分类的称为"型"（声调型）。"式"分为有声调核的起伏式和无声调核的平

---

[1] 金田一春彦「アクセント」『国学語辞典』東京堂、1955、6-11頁。

[2] 加瀬次男「読みに求められる音声表現要素」『コミュニケーションのための日本語・音声表現』、2001、145-150頁。

2 中文与日文声调的差异

板式。平板式只有一种类型，即平板型。起伏式则分为三种类型：头高型、中高型和尾高型。具体如下：

声调类型分为两种：

平板式：没有声调核，即声调平稳，没有明显的起伏。只有一种类型，即平板型。

起伏式：具有声调核，即在声调位置上存在明显的声调起伏。有三种类型：

- 头高型：声调位于词首，后续音节的声调相对较低。
- 中高型：声调位于词中，词首音节声调较低，声调位置之后的音节声调下降。
- 尾高型：声调位于词尾，声调位置之前的音节声调较高，词尾之后的音节声调低。

这些分类有助于分析和描述日本语中不同的声调模式。

平板式	平板型	アメヤ	ワダイ	サクラ	ハシ（端）
起伏式	头高型	ミドリ	サンガツ	ハシ（箸）
	中高型	オカシ	ノミモノ	
	尾高型	ヤスミ	イモート	ハシ（橋）

平板型和尾高型的声调在附加助词后会出现差异。

声调是指在单词层面上赋予的音量变化（高低），其具有系统性，并且在有声调的地方音高也会上升。这种音高的变化量是非连续的。表 2-2 展示了节拍与声调类型之间的关系。

表 2-2　日语节拍与声调类型

	1 拍单词	2 拍单词	3 拍单词
头高	○（火）	○○（箸）	○○○（かぶと）
中高			○○○（心）
尾高		○○（橋）	○○○（男）
平板	○（日）	○○（端）	○○○（桜）

2.2.2 日语声调的特点

现代东京方言中，每一个单词的基本声调具有以下几个特点：

（1）第一个拍（音节）和第二个拍（音节）的音高必然不同。

如果第一个拍的音高较低，则第二个拍的音高较高。

オ￣カ（丘）　　キ￣モノ（着物）　　オ￣ヤイヌ（親犬）

如果第一个拍的音高较高，则第二个拍的音高较低。

ウ￣ミ（海）　　チ￣ギョ（稚魚）　　サ￣ンガツ（三月）

通过这一点，可以确定单词的起始位置。

（2）一个词中不会出现两个或以上的声调。

如果出现两个声调，就会被认为是两个词。在一个词中，以下类型的声调是不可能出现的：

　　　┐○○○○　　　　○┐○┐

（这是两个词的声调）

即使是音节较多的词语，也只有一个声调。例如：

"地方公務員"的声调为　　チホ￣ーコームイン

"不在者投票"的声调为　　フ￣ザイシャト￣ーヒョー

（3）在从高音拍到低音拍过渡前的一个拍称为声调核。

最后一个拍（音节）为高音的词，有两种情况：有高到低的落差（即有声调核）和没有落差的（即没有声调核）。加上助词发音时可以辨别这两者的区别。声调核用类似于"┐"的符号表示。

ア￣メヤ（飴屋）ワ￣ダイ（話題）

以上没有声调核

チ￣カヲ（力）　　ハ￣ヤリ（流行）

以上有声调核

（4）复合词中存在一些具有中高型声调的词汇。

タ￣イヘイヨウ（太平洋）セ￣ンソウ（戦争）→タ￣イヘイヨウセンソウ

ジ￣ドウフクシシセツ　　デ￣ンシケイサンキ

"拍"和"音节"这两个概念的区别简要说明如下：

拍（拍子）：通常指的是音乐中节奏的单位，用于标记音乐的时间和节奏。一个拍子可能包括一个或多个音符。例如标语"ちょっと待て　よく　考えて　もう一度"，如果用手指数着短而快地念，就变成了"チ

2 中文与日文声调的差异

ョ·ッ·ト·マ·テ·ヨ·ク·カ·ン·ガ·エ·テ·モ·ー·イ·チ·ド"。这样音的分隔单位称为"拍"。

音节：是语言学中的单位，指的是一个发音单位，通常由一个或多个音素构成。在说话或唱歌时，音节是语音的基本组成部分。日语的音节是由一个假名（拗音情况下是两个假名）表示的一个完整音单位。中文的音节有时是由辅音＋元音＋辅音构成的，例如：

zhāng（张）　　　niáng（娘）

2.2.3 日语声调的功能

标准日语的声调功能，主要有两个方面：辨别功能和句法功能。

（1）辨别功能（示差功能）。

通过声调来区分词语的意义。例如，通过声调的变化可以区分"雨"（雨）和"飴"（糖果），"端"（边缘）、"箸"（筷子）和"橋"（桥），"熱い"（热的）和"厚い"（厚的），以及"朝"（早晨）和"麻"（麻）。这种功能让人们在听说中能够准确理解不同的词汇。

（2）句法功能（统语功能）。

用于标示词与词之间的切分以及词的组合方式。

ニワニワニワトリガイル

这种表达因声调的不同可以有两种含义。

ニワニワ／ニワトリガイル（「庭には　鶏がいる」）

ニワニワ／ニワ／トリガイル（「庭には2羽　鳥がいる」）

像这样，声调具有标示词语（或短语）开始的位置，并且显示词语（或短语）的整体性的功能。这被称为声调的句法功能（边界标示功能）。而像"ニワ（2羽）"与"ニワ（庭）"这样的例子中，通过声调区分词汇意义的功能，则是辨别功能（示差功能）。

总结声调的功能如下。

句法功能：·标示词语（或短语）的起始位置。

　　　　　·显示词语（或短语）的整体结构。

辨别功能：·指示词语（或短语）中的声调下降点。

2.3 对复合词声调的误用分析及原因

关于中文母语者的声调错误，可以归结为母语干扰、训练迁移、过度泛化等多种因素，其中声调功能也与这些错误显著相关。

例如，在中文中，如"外国人劳动条件法案"这样的复合词中，"外国人""劳动""条件"和"法案"等单词的声调，在这些词汇组合成复合词时，基本保持不变。相比之下，在日语中，像"外国人労働条件法案"这样的复合词中，构成这个词组的单词的声调会消失，整体被视为一个单一的词，获得一种高音部分平坦而持续的新的中高型声调。复合词与其组成单词之间的声调关系如图 2-2 所示。

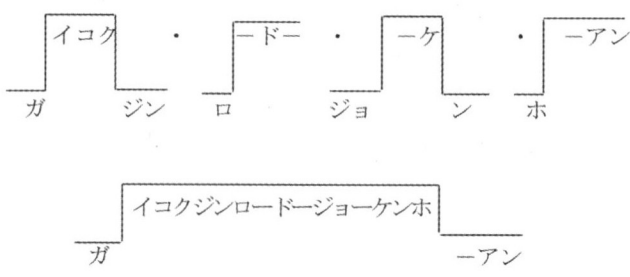

图 2-2　日语复合词与组成单词的声调

由于中日两种语言在语言结构上的差异，母语为中文的学习者可能会觉得日语的长复合词的中高型声调中，高音部分异常地长。因此，他们会尝试在这段平坦高音的部分的某个位置上进行音高的升降，以缓解这种不适感。在这种情况下，已经学习了例如"外国人""劳动""条件""法案"等各个单词声调的学习者，往往会试图实现这些单词原本的声调。这种做法是基于他们对已学会的日语正确声调的知识，因此他们认为利用这些知识是最安全和准确的。然而遗憾的是，在日语的复合词中这种方法往往会导致错误的声调发音。

如上所述，所谓的汉字文化圈学习者不仅在音韵方面容易受到母语的干扰，同时在词汇构成上也容易受到母语的干扰。因此，对于日语声调的句法功能，需要比其他非汉字文化圈的学习者更加注重。为此，从初级阶段就开始进行长复合词语的声调练习显得尤为重要。如果仅仅进行单词的声调练习就认为声调指导已经完成，那么在进入中级阶段后，随着词汇量的增加，学习者则可能会有将单个单词的声调并列起来形成错误复合词声调的风险。

2.4　日语声调的重要性

   在日语的音声方面，声调（アクセント）扮演着重要的角色。日语的音节长度和每一个音的发音都与声调有着密切的关系，因此在教授外国人日语时，不可以忽视声调问题。

   为此，教师必须能够以标准的声调模式说日语。此外，即使教师已经掌握了标准的声调，也需要能够有意识地理解自己所使用的声调，并能够向学习者展示。同时，教师不仅要指导个别的声调现象，如"橋（ハシ）"和"箸（ハシ）"的不同，还需要能够有效地解释声调系统中的规律，并能够指导或进行相关的练习。

3　音声教育中的日语声调指导方法

3 音声教育中的日语声调指导方法

本章首先分析音声教育的地位与作用。接着，探讨海外日语声调教育的现状与问题，然后再考察作为接受方的日本国内的日语声调教育现状与问题。

3.1 音声教育的地位和作用[1]

音声与日语教育的各个领域息息相关，是口语沟通的基础。广义的音声教育涉及整个日语教育领域，对于提高日语能力而言，音声是不可忽视的。在此，基于先行研究，简要总结进行音声教育的理由如下：

（1）广义的音声教育关系到整个日语教育，而提高日语能力不能忽视音声。

（2）音声涉及词汇、语法、谈话、听解、书面表达等日语教育的各个领域，是口语沟通的基础。错误的声调会导致意思的变化，并对听力理解产生广泛影响。

（3）即便意义能够传达，讲话者也可能会给听者留下意料之外的印象。特别是在重视第一印象的场合，如面试或商务场合，发音的准确性会影响到成功与否。

（4）发音问题可能导致学习者的沟通交流意愿下降，引发消极的学习态度和学习焦虑。

（5）尽管成人后高度音声习得可能困难，但研究结果表明，通过学习者的意识和学习方法，发音能力仍然可以得到提高。然而，任何学习中，在入门阶段培养良好习惯远比在形成不良习惯后进行矫正要容易得多。

综上所述，音声教育显然是重要的。音声教育在语言教育中是必不可少的，越早进行越好，建议从语言学习的初期阶段就开始进行。下一节将探讨音声教育中最为关键的日语声调指导的相关问题。

---

1 戸田貴子「音声教育と日本語能力」『早稲田日本語教育学』（8・9），2010：59-65.

3.2 语言教育现场中对音声的认识

外语教学法由理论和方法论组成，以实现合理且有效的外语教育。每种教学法主张不同的练习方法和指导理论，这些差异源于开发者的语言观、学习观、学习者的学习目标和条件以及期望的能力。在日语教育中，也引入了各种外语教学法以提高教育效率。

本节将从外语教育理论的历史发展及日本语教育的角度出发，追溯语言理论和教育理念基础上的语言教育现场中对音声的认识。

参考书目包括：《外国語教育理論の史的発展と日本語教育》（1989）、《教師用日本語教育ハンドブック—教授法入門》（1996）、《日本語教育のための実践的知識と教授法—日本語教育への道》（1990）、《はじめての日本語教育》（2003）、《新、はじめての日本語教授法 2—日本語教授法入門》（2004）、《日本語教授法ワークショップ》（2000）、《日本語教授法—研究と実践—》（1982）、《聴覚・言語障害教育および外国語教育のためのVTS入門》（2002）、《言聴聴覚論の輪郭》（1994）、《ヴェルボトナル法実践シリーズ 第1巻 ヴェルボトナル法入門》（2000）、《授業で使える発音指導—VT法を活用して》解説書（2005）、《日本語の発音指導—VT法の理論と実際》（1996）、《日本語教師のための新しい言語習得概論》（2005）等。

下面，本书按照时间顺序，对与日语教育联系紧密的各种外语教学法的理论特征、提倡者、优点和缺点等进行分析和考察。

3.2.1 文法译读法（Grammar-Translation Method）

文法译读法是中世纪欧洲为拉丁语教育开发的一种教学方法。其步骤包括先记忆目标语言的语法规则和词形变化，然后通过将目标语言的句子翻译为母语来理解其意义，并学习词汇。这种方法强调阅读和写作能力的培养。由于其主要目的是从文献中获取信息，不重视口语练习和音声指导，也不适合培养听力和会话能力。因此，19世纪以来，旨在提升口头沟通

能力的外语教育逐渐转向基于口语的教学方法（如直接教授法），文法译读法逐渐被取代。

3.2.2 直接教授法（Direct Method）

直接教授法是一种不通过学习者的母语，而是直接使用目标语言进行外语教学的方法的总称。这并不是一种特定的教学理论，但在以幼儿第一语言习得过程作为外语学习模型的各种教学法中被采用。

直接教授法的优点包括：①从入门阶段就重视口头练习，使学习者迅速适应音声系统，培养听解能力和会话能力。②通过重视刺激发言的场景、实际物品展示、示范性动作、模拟等手段，进行与现实相贴近的学习活动。③排除母语干扰，使学习者能够直接将目标语言的意义和形式联系起来。④从口语引入到书面语言的学习符合一般语言习得的过程，有助于语言技能的顺利掌握。⑤对于母语或媒介语言不同的学习者群体也具有适用性。

直接教授法的缺点包括以下几点：①不使用媒介语言可能导致对学习目标语言的理解不准确或模糊，尤其在介绍抽象概念时困难较大。②语法知识往往以归纳方式呈现，导致对语言体系的知识碎片化，影响学习者的兴趣。③对教师的语言运用能力和教学技术期望过高，经验不足的教师效果减半。④教师容易偏向单向指导，可能抑制学习者的自主学习动机。

综上所述，虽然直接教授法具有一定的优缺点，但由于一般情况下知识水平较高的成人学习者往往不喜欢这种方法，目前多采用折衷的教学法。

3.2.3 音频-语言法（Audio-lingual Approach，AL 法）

音频-语言法是第二次世界大战后在美国开发的教学法，并于 20 世纪 50 年代至 60 年代被广泛应用于包括日语教育在内的世界外语教育领域。这一教学方法基于当时最有影响力的语言学理论——结构语言学和行为心理学，因而被认为是当时的最佳教学法。此外，由于其教学步骤明确，教师易于操作，因此迅速在全球范围内推广。音频-语言法的特点包括：优先培养口语交际能力，在口语能力稳定后再进行书面语言的教学，要求学习

者达到接近母语者的准确度等。该方法的实践手段包括模仿-记忆练习和句型练习，这些方法要求依据行为心理学的习惯形成理论进行彻底的重复练习。

然而，到 20 世纪 60 年代后半期，音频-语言法开始受到理论和实践层面的双重批评。从理论层面看，结构语言学和行为心理学被生成语法和认知心理学批评，理论基础逐渐被动摇。在教育实践中，批评不断出现，这促使人们对教学法进行改进或开发新教学法，最终导致音频-语言法逐渐被弃用。

3.2.4 认知学习理论（Cognitive Code Learning）

认知学习理论是以生成语法理论与认知心理学为基础的教学法，被称为"基于认知学习理论的教学法"。它采纳了认知心理学强调的人类思维活动模式，将意义理解和记忆方法作为语言学习的核心课题，取代了习惯形成理论。依据乔姆斯基的理论，人类的大脑具备创造无限言语的能力，该教学法通过演绎的方式教授语言的"语法"规则，并在"情境"中进行练习。

与音频-语言法通过归纳方式学习语言规则并通过句型练习学习语言的方式不同，认知学习理论认为应利用人类的认知能力理解语言规则，并在此基础上进行语言习得的练习。

该方法的缺点包括：①过于重视语言结构规则的认识，而忽视了语言在实际情境中的功能。②未考虑学习者的社会环境和情感因素对学习的影响。③尽管方法上提到在教授规则后通过实际使用实现规则的内化，但未明确如何具体实现这一过程。

3.2.5 自然法（Natural Approach）

自然法是由美国西班牙语教师特雷尔和应用语言学者克拉申共同研究开发的教学法，属于一种以听解为主的教学方法。其最重要的核心理念是，通过首先提高听解能力，为学习者建立理解目标语言的基础，并在无焦虑、放松的状态下，进行适量的可理解输入，以促进语言习得。自然法

并未具体提供课堂活动的方法，而是借用其他教学法的指导技巧，但为教师应采取的态度等方面提供了有益的指导。此方法以听解能力为优先，并将第二语言习得与母语习得联系起来。也就是说，该方法基于"听解先于发音"的观点。虽然自然法最初获得了许多教师的赞同，但也面临一些批评。主要批评点包括：缺乏针对学习者水平的"i+1"客观尺度，即理解可接受输入的标准；此外，即使认为听解优先，外语学习者的沉默期可能并非像母语习得中的婴儿一样形成理解，而只是因为缺乏自信而回避发话（户田，2006）。

3.2.6 交际法（Communicative Approach）

交际法是一种以培养语言实际运用能力为目标的语言教育方法。其主要特点如下。交际能力的培养：交际法强调通过实际的语言使用情境来习得语言，即通过交际过程中的实际运用来提高语言能力。语言学习不仅限于语法和词汇的掌握，更注重如何在实际交流中有效使用语言。学习者为中心：该方法将学习者置于教学的中心，课程设计和教学策略应根据学习者的需求、动机、兴趣和关注点来调整。这标志着从以教师为中心的教学转向以学习者为中心的教学。

在日语教育中，交际法也受到了一些批评。例如初级阶段的平衡问题：在初级阶段，如何在基础的发音、语法和词汇学习与交际活动之间找到平衡是一个主要问题。即如何在确保学习者掌握基础知识的同时进行有效的交际练习。尽管存在这些批评，交际法所提倡的"以学习者需求为中心"和"培养语言运用能力"的理念仍被广泛接受，并对日语教育产生了深远的影响（铃木，2000）。

以上，从外国语言教育理论的历史发展及日语教育的视角出发，基于语言理论和教育理念，探讨了语言教育现场对语音的把握，分析了与日语教育密切相关的外语教学法的理论特征、提出者以及其优缺点，并追溯了各自的时间历程。

考察结果表明，各种外语教学法既有优点也有缺点。这些外语教学法曾对过去的日语教育产生了巨大影响，且至今仍在练习方法中使用这些技

术。然而，即便在当时被认为是最佳的教学法，随着理论依据的丧失和无法应用于教育现场，这些曾经主流的教学法逐渐被新的教学法所取代，这是一种必然现象。

因此，在今天日语教育日益多样化的背景下，教师需要根据情况灵活运用各种教学法，以适应不同的教育需求。

以上对过去的外语教学法进行了分析和考察。接下来的章节将分析中日两种语言均具备高低声调特征的情况下，日语声调教学法的指导方法。

3.3　日语声调的高低指导方法

在本节中，笔者将概述历来有关日语声调高低的日语声调指导法。

3.3.1　土岐哲[1]（1982）——培养声调"高低感"的方法

在《日本語教育事典》中，土岐哲提出了一种培养声调高低感的具体方法，即"根据声调的高低上下移动拳头"。

（1）准备空杯子、水杯或土笛等简单的乐器，以便能够随意发出高低音。

（2）利用这些工具，初始阶段通过交替发出高音和低音来帮助听者熟悉声调差异，随着熟练度的提高，逐渐让其自由发声并做出相应反应。在这一阶段，需要注意逐渐缩小声调差异。因为日语中的高低声调变化幅度比汉语小，所以也需要适应这一点。

（3）如果学习者在发声时出现高低差异不明显的情况，可以让学习者在发声的同时上下移动头部。这样的话，即使尝试保持相同的音高，低头时声音也会自然变低，而抬头时声音则会自然变高。这样就能有效地利用这种生理现象。这种方法实际上不仅对一般语句的发音有用，还是一种让声调以视觉形式被学习者感知的方法。

---

[1] 土岐哲「アクセント」『日本語教育事典』日本語教育学会編、大修館、1982、26-43 頁。

（4）通过上下移动拳头来配合声音的高低变化。为了引入时间因素，可以像这样　　　　　　　将拳头从左到右移动，这样可以帮助学习者从视觉上意识到声调的基本模式。

（5）如果掌握了"节拍感"和"高低感"，则需要能够分辨出语句中除高低位置外的声调强弱、速度等其他要素的变化。如果不能完全掌握这些基本能力，也将无法掌握声调的另一重要功能——句法功能。即，无法弄清从哪里到哪里是一个单词，以及这些单词组成的短语或句子在何处断开。也难以养成日语的节奏感。因此，掌握这些基本能力是非常重要的。

3.3.2　小森法孝[1]（1987）——以乐谱说明"东京方言的声调的高低"

人类语言是生动的，其微妙的声调难以完全用程序化的方式呈现。于是，"ドミ（domi）理论"应运而生。（中略）其实并不复杂。其核心在于为语言赋予两种高低的声调。例如，用"ドミドミ"的声调说"アナタノ"（你的），用"ミドドドド"的声调说"ウンセイワ"（运势），用"ドミミミミド"的声调说"ダイキチデス"（大吉）。如果发音不准，可以通过敲击键盘进行调整。（中略）"ドミ理论"旨在用相对的高低差异来帮助理解，如用"ドミドミ""ミドドド"等来表示高低差异。因此，即使文中出现"ドミド"这样的表述，也不代表音乐中的绝对高度或音程，这只是表示相对的高低差异[2]。

对于那些无法分辨高低音的人，可以使用强制的方法。首先，面向前方，轻轻用拇指和食指夹住喉结上方的柔软部分，并自然地长时间发出"アー（啊）"的声音。在发音过程中，用手指按压喉结，声音会突然变低；当松开手指时，声音会恢复变高。（中略）另一种强制方法是，仰面躺下，用物品固定住脚尖，双手交叉放在头下，然后自然地长时间发出"アー（啊）"的声音。在发音过程中，用腹部肌肉尽力抬起上半身，声音

1　小森法孝『日本語アクセント教室』新水社、1987。
2　小森法孝『日本語アクセント教室』新水社、1987、15-16頁。

的音高也会显著提高。然后将身体恢复原位，声音也会随之变低，再次抬起上半身。通过反复练习这种方法，可以更好地感知高低音[1]。

3.3.3　水谷修[2]（1990）—— 展示声调相对高低的提案

水谷提出了使用茶碗和桌子作为展示相对高低的手段可能更加有效。

除了那些有乐器或唱歌练习经验，并且已经习惯于音高识别的人，大多数人区分音高的能力较弱。因此，对这些人来说，将声音以某种形式客体化是比较理想的。（略）虽然使用像钢琴这样的乐器是一种适当的方法，但由于音高被细分显示，可能会造成混乱。作为熟悉音高的第一步，利用相对关系来判断高低是有帮助的，因此更建议使用身边的工具来进行声音的客体化。例如，通过使用茶碗或杯子，配合筷子或铅笔敲击桌面，可以通过茶碗或杯子发出的声音差异来帮助识别音高的不同。可以通过口头念"サクラ（樱花）"，用铅笔敲击"桌子、茶碗、茶碗"，或用口念"サクラ"，用铅笔敲击"茶碗、桌子、桌子"，这种重复的练习有助于增强对自己发音高低的意识。虽然在识别二级、三级或四级音高差异的训练中，乐器的确是有效的，但在观察句子或呼吸段落中的声调时，仅仅具备识别两个音之间相对高度差的能力是不够的。然而，作为学习声调的前提，掌握两级音高的相对关系就足以避免在声调规则学习中出现混乱。[3]

土岐哲[4]的方法是一种用于将声调可视化的辅助手段。此外，小森和水谷的方法都能在一定程度上有效识别高低音。然而，打击乐器或茶碗等物理声音与人声确实存在差异。应当注意的是，大多数学习者无法辨别的并不是明显的高低差，而是日本人在狭窄音域内发出的微妙的日语高低变化。

---

1 小森法孝『日本語アクセント教室』新水社、1987、20 頁。
2 水谷修「アクセントとイントネーションの習得法」『講座日本語と日本語教育 3 日本語の音声・音韻（下）』杉藤美代子編、明治書院、1990、103-104 頁。
3 水谷修「アクセントとイントネーションの習得法」『講座日本語と日本語教育 3 日本語の音声・音韻（下）』杉藤美代子編、明治書院、1990、103-104 頁。
4 土岐哲「アクセント」『日本語教育事典』日本語教育学会編、大修館、1982、26-43 頁。

4　日语声调指导的问题

在日语教育的初级阶段进行以单音节为中心的基本发音教学后，中级和高级阶段通常不会进行系统性的发音教育。尤其是关于声调、语调、突出度、节奏等超分段声调（韵律）要素的指导往往不够彻底。即便是有着丰富的语法和词汇知识的中高级日语学习者，也常常能听到他们的发音中还存在着相当不自然的地方。

在日语发音指导中，声调方面的指导滞后可能存在多种原因。其首要原因是，由于在语法和词汇教学上投入了大量时间，往往无暇顾及发音指导。此外则是因为，在进行发音指导时往往偏重于单音节的教学指导，从而忽视了其他方面的声调教学。然而，至少在初级到中级阶段，是应将发音指导的课程与文法和词汇教学以同等重要的程度来安排的，尤其是比起单音节应更重视声调方面的要素。

其次，声调的超分节性要素的研究相较于可以分节的单音要素的研究仍显滞后。

另一个原因是声调指导技术尚未确立。这一问题主要是因为对于声调要素的研究尚未深入，即使在这方面有了系统的描述性研究，也不意味着问题可以立即解决。这是因为发音习得不仅涉及发声器官的使用和声音的产生，还包括对范本性语言素材（如日本人发音的日语音声表达）的听取和解读，以及对这些素材的学习，这是一个涉及心理和生理层面的复杂过程。迄今为止，关于声调指导的想法多由对语音进行描述性研究的专家提出，而对于声调习得的听取、学习等侧面的研究仍显不足。例如，虽然有学者指出"某语言的母语者由于其母语具有特定的重音结构，因此在日语重音产生时会在音高的上升上存在问题，这需要加以正确指导"，但如何具体指导却未有明确说明[1]。仅仅通过反复播放"低高"的音高词组或"高低—低高"的最小对立对，并让学习者重复发音，还不足以解决问题。必须为学习者提供能够辨别音高差异并准确再现的线索。需要提出一种能使学习者积极有效地利用自身学习能力的学习方法，并建立一种能够有机整合"听取—学习—再现"这一发音习得过程的指导方法。

1　川口義一「発音と聴解の指導－上級レベルの問題点」『講座日本語教育』〈第20分冊〉早稲田大学語学教育研究所、1984、37-47頁。

4　日语声调指导的问题

接下来的章节将从日本国内与国外两个视角具体阐述日语声调教育的现状和问题点。

4.1　日本国外日语声调教育的现状和问题

礒村[1]指出，许多在日本留学的高级学习者对日语声调的存在不甚了解，对单词的声调区分不清楚。此外，虽然他们在词汇声调以外的发音上几乎没有问题，但词汇声调却难以纠正。同时，还有很多学习者在记忆大量单词时对声调不加注意，对声调问题存在"放弃"态度。为调查日本国外日语声调教学的现状以及非母语教师对声调教学的看法，礒村对在日本国外教授日语，但母语非日语的教师进行了关于日语声调教育的问卷调查。调查共收集了来自46个国家的216名教师的回答。以下是礒村所进行的问卷调查的具体介绍。

根据问卷调查结果，迄今为止在日本国外的日语教育中，很难说已经进行了充分的声调教育。尽管被调查者在学习阶段的声调学习意愿很高，但却无法受到充分的声调教育。所以，即使他们在成为教师后，自己能感受到这种教育的必要性，却因其本身没有受到过这种教学而无法进行相关教学，从而陷入了恶性循环。所以，有必要从学习初期就彻底进行声调教育。就如中国的例子所表明的那样，如果在教材中标注声调符号，并从接触日语的最初阶段就让学习者意识到声调带来的韵律差异，那么声调的掌握将比现在更为容易，甚至有可能打破这种恶性循环[2]。

同时，关于中国的教材在声调标记方法上的问题，松崎[3]指出了以下几点。有一种只在有声调核的拍上标记的方法（以下简称为核表示方式）。在中国使用的教材中，有一种被广泛采用的声调标示方法，该方法通过从前往后

---

1 礒村一弘「海外における日本語アクセント教育の現状」『2001年度日本語教育学会秋季大会予稿集』、2001、211-212頁。
2 礒村一弘「海外における日本語アクセント教育の現状」『2001年度日本語教育学会秋季大会　予稿集』、2001、211-212頁。
3 串田真知子、城生佐太郎、築地伸美、松崎寛、劉銘傑「自然な日本語音声への効果的なアプローチ：プロソディーグラフー中国人学習者のための音声教育教材の開発」『日本語教育』86号、1995、42-43頁。

数声调核的方式在词语中标记声调核的①型、②型等。然而，如果未对声调核的功能进行充分教育，核表示方式可能会被误解为与高低二段式相同，从而存在被误解的风险。此外，由于核表示方式过于抽象，学习者在视觉上将难以理解。对于母语为声调语言的中国学习者来说，往往容易将音高视为绝对的，并且会倾向于认为词汇声调在话语中是保持不变的。虽然他们可能理解一个音节内的声调高低变化，但识别音节间的高低变化则较为困难。

因此，串田和松崎等人[1]在为汉语学习者开发音频教材的过程中，提出了一种名为"韵律图（プロソディーグラフ）"的语音教学方法，该方法旨在通过注重韵律的而非单一音节来实现自然的日语语音教学。他们向学习者提供根据声学提取的句子的基本频率曲线的"韵律图谱"，并报告称，学习者根据该图谱进行朗读时，其韵律比起阅读仅示有韵律核的文本时有所改善。

4.2 日本国内日语声调教育的现状和问题

川口[2]对日语音声教育的现状和问题点这样描述道：

在日语教育中，初级阶段以单音为中心进行基本的发音教育后，中级和高级阶段通常缺乏系统性发音教育的趋势尤为明显。特别是在关于声调、语调、突出度、节奏等超分段声调（韵律）要素的指导上不够彻底。

王和大岛等学者[3]就音声教育问题，特别是声调指导的问题点指摘总结如下：音声教育在初期阶段就应该逐步引入和练习，但目前的现状是，在初级阶段，发音练习通常仅占最初几小时的时间，且大多集中在单音的层面上。虽然大家知道发音很重要，但由于其他因素的存在，往往无法投入

---

1 串田真知子、城生佐太郎、築地伸美、松崎寛、劉銘傑「自然な日本語音声への効果的なアプローチ：プロソディーグラフ—中国人学習者のための音声教育教材の開発」『日本語教育』86号、1995、39-51頁。

2 川口義一「日本語アクセントの指導方法」クロード・ロベルジュ、木村政康編著『日本語の発音指導—VT法の理論と実際—』凡人社、1996、115頁。

3 王伸子、大島中正、鹿島央、玉村禎朗、藤井俊博「音声指導の問題点」『日本語教師養成シリーズ　音声、語彙、文字、表記』凡人社、1999、78-80頁。

4 日语声调指导的问题

足够多的时间进行音声教育。这表明，在音声教育中，即使发音的确重要，但由于课程安排或其他因素，实际投入到音声教育中的时间可能不足。如果音声教育被忽视或投入不足，学习者的发音可能会受到负面影响，无法达到预期的标准。因此，即使有其他重要的学习内容，音声教育仍然是必要的，并且需要投入足够的关注和时间。

Neustupny[1]对发音问题的重要性指出如下：

在实际与人接触的场合中，错误的发音会导致信息无法传达。试想一下发音不佳的外国说话者，这一点会尤为明显。通常情况下我们虽然能大致能明白对方的意思，但会出现以下情况：①说话者和听话者都会感到相当疲劳；②由于说话者频繁地传递自己是外国人的信息，听话者可能会感受到强烈的异质性。在日本的外国人有时会抱怨自己始终被视为外国人，这当然与文化行为能力和沟通能力有关，但主要原因还是在于每句话必然会出现的语音特征问题。

从以上内容可以看出，外国人说话者在与人接触的场合中出现错误的主要原因是由于音声教育时间不足，未能重视音声教育，从而导致的音声特征问题。

因此，为了探讨日语口音教育的现状与问题点，本章首先讨论了日本国外的日语声调教育现状和问题点，其次探讨了作为接收方的日本国内日语音声教育的现状与问题点。但仅仅思考这些问题而不采取行动是无法带来改变的，因此，我们应该首先考虑改进音声教育现状的解决方法。

本章讨论了音声教育中日语声调的作用。首先从音声方面考察日语声调的重要作用，包括声调的功能和特征。接着，在第1节中描述了日语教育中声调教育的定位、声调学习的必要性及其教育的重要性。然而，现状是日本国外及日本国内的声调教育未得到足够重视，因此在第2节中探讨了日本国外及日本国内声调教育的现状与问题点。

综上所述，本章不仅从音声方面，还结合听力策略以及日本音声教育的现状和问题，探讨了日语教育中音声教育的重要性。通过这些分析，笔者认为能够获得对一些日语因素教育的有用见解。

---

1 Neustupny, J.V.『新しい日本語教育のために』大修館書店、1995a、234 頁。

5 "VT法（Verbo-Tonal Method）"

5 "VT法（Verbo-Tonal Method）"

在教母语为中文的日语学习者时，虽然可以指出他们在发音中的口音错误，但明确如何指导他们进行改进却很困难。随着研究的深入，笔者接触到了"声调-听觉理论（Verbo-Tonal System）"及以其为基础的"VT法（Verbo-Tonal Method）"。

近年来的研究表明，将"VT法"中的"身体节奏运动"应用于日语口音教学，通过让各种学习者在发音时移动手部和颈部，并不断改进教学方法，取得了显著效果[1]。

"VT法"是一种基于"声调-听觉理论"这一语言理论的发音指导（矫正）方法，其主要特点是利用听觉、视觉、触觉、运动感觉等多种感官。声调-听觉理论由前南斯拉夫萨格勒布大学教授贝塔尔·古贝利纳博士于1955年左右创立，随后发展出具体的语言教学法，如"VT法"和SGAV方式（Structuro-Global Audio-Visual Methods，全体结构视听觉方式）。"VT法"主要用于外国语言学习者的发音指导，以及听觉语言障碍儿童的康复和发音矫正。而SGAV方式则是一种基于声调听觉论中的"整体结构"原则的视觉教学法，主要应用于外语教育领域。

传统的日语口音教学主要依赖于磁带等音频教材，机械地进行听力训练，这往往导致学习者缺乏学习兴趣。相比之下，"VT法"的独特之处在于它将发音习得视为语言整体结构的一部分，并且进行包括声调特征在内的全面发音指导。因此，这种方法被认为是有效的。然而，在日语教育领域中，关于"VT法"的研究多集中于方法论的描述，关于学习者如何感受"VT法"的课程以及其实际学习效果的报告较少。

5.1 声调-听觉理论的原理

木村[2]从音声教育的角度总结了声调-听觉理论的原理如下：

---

1 川口義一「日本語アクセント指導方法」クロード・ロベルジュ、木村政康編著『日本語の発音指導－VT法の理論と実際－』凡人社、1990、115-136頁。
2 木村政康「VT法（ヴェルボトナル法）」鎌田修、川口義一、鈴木睦 編著『日本語教授法ワークショップ』凡人社、1996a、151-175頁。

（1）在语言习得过程中，听音声是最优先的任务。

声音的听取不仅是语言活动的起点，也是完成语言统一体所不可或缺的。若听取存在错误，声音的再现将会出现扭曲，进而对沟通活动产生负面影响。此外，即使学会了正确的发音方法，也不能保证能正确地听取声音。这是因为学习者不一定能准确反馈（听取）自己的发音。声调-听觉理论认为,正确的听取是正确发音的条件,强调使学习者的耳朵专注于听取，并确保自我发音能够得到正确反馈。在声调-听觉理论中，外语习得被视为将基于母语语言体系运作的大脑重新构建为能够正确处理外语语言体系的过程。通过优先进行音声聆听，以正确进行大脑的重构，从而使外语习得更加有效。

（2）语言是一个整体结构。

声调-听觉理论从话语的整体结构性角度来解释语言活动和语言习得。语言不仅由自身的结构组成，还包括传达场景和情况中的语言外要素（如时间、手势、对方的表情等），形成一个整体结构。沟通是这些要素复杂交织并共同作用的结果。基于这一整体结构的原理,开发出了 SGAV 方式。SGAV 方式没有将语音、语法、意义、形态、词汇等分开学习，而是将语音语言作为一个整体来处理，语音没有被视为物理声波，而是在语言整体中进行指导。具体来说：

① 将教学现场设置在尽可能接近真实语言活动的环境中。

② 为此，不使用母语等媒介语言，而是采用直接法使用目标语言进行教学。

③ 教材应包括易于理解的图像和声音，采用对话形式并具有故事性。

④ 从对单元的整体理解开始，然后再转向部分性的指导。

⑤ 优先进行音声教育，特别是节奏和语调的学习。

SAGV 教授法的目标是将语音、语法、意义、形态和词汇作为一个整体来学习，考虑语言外要素，从而实现整体结构的习得。在中级和高级阶段，虽然会引入更高级的词汇和语法项目，并增加部分指导，但仍强调始终考虑整体结构的重要性。

5 "VT法（Verbo-Tonal Method）"

（3）身体在语音的传递和接受中担任重要角色。

语音的听取和生成不仅依赖于听觉和发音器官，还通过身体（如骨骼、肌腱、肌肉、皮肤）作为振动感知的媒介。也就是说，语音的听取和生成是身体整体与听觉和发音器官之间的相互作用。婴儿在出生15天到1个月左右，会通过手脚的动作发出有节奏的咿呀声。超过1岁后，他们会玩发声玩具，边动身体边发出音节。逐渐地，他们开始说话，不仅仅是发出声音，同时还会通过听觉和身体感知自己的发音。当语言体系完成时，这些肢体动作会减少，儿童变得能够在没有身体运动的情况下进行讲话。通常，儿童开始走路和说话的时间几乎相同，但听力障碍的儿童其运动功能的发展会较慢。从生理学和病理学的角度来看，身体在语言声音的听取和再现中确实起着某种作用。此外，我们在发音的同时可以感觉到舌头的运动，口部、脖子、胸部和腹部的振动或肌肉紧张。根据古贝利纳的说法，/p/的发音能在胸部被感知，/ta/能在双肩被感知，/ka/能在背部被感知。

身体的动作与听取和发音活动之间的关系可以通过以下例子来理解：当你试着强烈地发"アッ"（促音），然后长时间地发"アー"（长音），然后长时间地发出"ア、ア、ア、ア、ア"音时，同时用手势等动作来引导这些声音，你会发现这些动作与每个发音是对应的。如果你试图用强烈发音"アッ"时的动作来发音"アー"，你会发现效果不如预期。

由此可见，身体在语音的接收和传递中发挥着重要作用。身体被视为一个整体的听觉和发音器官，通过宏观（整体身体）的动作来引导微观（发音器官）的动作，从而促进正确的听取和发音。

（4）人类的大脑在语言理解中基于最优要素进行功能运作。

在通过口语进行思维和情感的相互传递时，大脑并不会接收所有的元素，而是选择在沟通中必要的语言要素（如语音、语法、词汇、形态等）和语言外要素（如情境、场面、手势、表情、态度等）中的最优元素来理解语言。成年人的大脑基于完善的母语体系进行功能运作，因而自然有效地习得外语并不容易。要有效习得外语，需要准确指示和传达外语中的最优语言和语言外要素，从而重构大脑。

97

"最优"（Optimal）这一概念在多种场景中使用，例如在引入某个语法项时需要最优的语境、最优的图像和场面、最优的手势、最优的频率等。例如，人类的听觉并不是接收所有音频频谱，而是在正常听力的情况下，听觉功能在母语的最优频率范围内；对于听力障碍者，则基于剩余听力进行功能运作。如果重复提供外语音频但仍无法正确听取，是因为听觉系统在母语的最优频率范围内运作，导致外语音频经过母语的声音过滤器后被扭曲。

（5）节奏和语调是整合语音语言的关键要素。

婴儿的咿呀学语中已经包含了母语的特征性韵律，婴儿会通过这种韵律进行沟通。特别是节奏和语调属于人类普遍的生理框架，它们不仅承载了各语言特有的"语言风格"，而且在传递情感和意图的沟通活动中是不可或缺的语言要素。此外，节奏和语调也在将整个语音语言整合成一个整体方面发挥作用。所以，优先学习节奏和语调可以使单词教学和发音矫正变得更加容易。

在口语中，节奏和语调将语言整合为一个整体，并发挥着区分各语言的作用。因此，在口语教学中，应优先进行节奏和语调的教学。同时，由于语言的生成（再现）是通过全身感知的，正确的全身动作可以引导出正确的发音。

"VT法"特别强调身体整体在作为接收器官和传递器官方面的双重功能。它认为可以通过身体整体的运动（宏观运动）来引导发音器官的运动（微观运动）。为了引导发音器官的运动，身体的运动被称为"身体节奏运动"。

在"身体节奏运动"中，除了节奏，"紧张与放松"很重要。在发出语音时，当身体紧张时发出的声音较高，当身体放松时发出的声音较低。利用这一点，当身体紧张并进行有力的运动时，会创造出发出高音的条件，而放松则有助于产生低音。

近年来的研究表明，在日语中，"日本语特色的发音"受韵律要素如语调的影响很大。如果能够利用"VT法"的"身体节奏运动"来指导日

5 "VT法（Verbo-Tonal Method）"

的节奏和语调，那么可以更好地满足学习者"以自然的发音和语调进行交流"的需求。

5.2 基于"VT法"的发音指导原理

以下是基于"VT法"的发音指导原理：

① 优先听取而非发音方法：在指导过程中，不应优先关注发音方法，而应将重点放在整体语言结构中的听取上。

② 重视节奏和语调的指导：在指导中，节奏和语调的教学应优先于单音的指导，以帮助学习者掌握语言的"特色"。

③ 重视发音的紧张性：在发音活动中，应重视声音的紧张性。

④ 综合考虑整体声音：在进行单音指导时，需考虑到词义、韵律、情境和场面等，以避免破坏整体声音的连贯性。

⑤ 自然无意识学习：母语的发音习惯是通过母语条件化形成的无意识现象。为了习得外语音，指导应以自然无意识的方式进行，而非分析性、意识性的学习。

外语学习者常常会基于母语的音韵体系产生发音错误。这些错误形成一个体系，并且因母语和学习的外语类型的不同而有所差异。外语音的生成需要稍微改变发音习惯，但这会受到发音器官生理反应的拒绝，最终会将外语音替换为最易听取的母语音。言调听觉论将这种由于外语音韵体系与母语音韵体系的不同而产生的发音错误称为"替换体系"。为了进行有效的发音指导，考虑学习者的替换倾向、类型和频率等是非常重要的。

在"VT法"中，学习者的发音错误不是通过发音方法或发音点的差异来解释的，而是通过声音的紧张性（即发音活动中发音器官的紧张）来解释。根据这一理论，当错误的原因是紧张过度时，应通过放松发音来矫正；而当错误的原因是紧张不足时，则应通过增加发音的紧张性来矫正。指导者即使不了解学习者的母语，只要能够通过紧张和放松的角度解释错误的原因，就能找到矫正的方向。

5.3 先行研究

在日本，"VT 法"自 20 世纪 70 年代开始在上智大学听觉语言障碍中心（1977 年设立）中得到应用[1]。然而，该方法主要用于语言障碍的康复，在日语教育领域的研究则较为有限。

5.3.1 川口的研究

川口[2]（1984）在 1982 年和 1983 年，于早稻田大学语言教育研究所的日本语专修课程中，针对研究所内日语能力最高的留学生开设了"发音法"讲座。川口对这些学生的发音和听力理解问题进行了分析。结果发现，当正确的拍子节奏、正确的声调和自然的语调得以实现时，单音层面的发音错误并不显著。因此，川口指出，发音教学应更加重视这些韵律要素。

川口[3]（1987）在 1986 年进行的"发音矫正课外指导班"中进行了实践报告。该班的对象是早稻田大学语言教育研究所的日本语专修学生。这些学生在"词汇和语法方面已经得到了充分掌握，但在发音上仍然存在相当程度的不自然"，且"不仅需要纠正单音发音，也需要纠正声调上的发音"。川口特别关注了"VT 法"中的"身体节奏运动"，并将其应用于发音指导。由于此前没有关于将"VT 法"的"身体节奏运动"应用于作为外语的日本语发音指导的实践报告，因此这一具体方法和相关讨论具有很高的参考价值。

川口[4]（1990）将"VT 法"的"身体节奏运动"应用于声调指导，要求不同母语的学习者在发音时进行手部和颈部的运动。他报告了通过改变

---

1 クロード・ロベルジュ、木村政康『日本語の発音指導－VT 法の理論と実践－』凡人社、1990。

2 川口義一「発音指導の方法」早稲田大学日本語研究教育センター編『講座日本語教育』第 23 分冊、早稲田大学語学教育研究所、1984、48-63 頁。

3 川口義一「TPR 日本語初級授業における文法事項の配列の特徴」早稲田大学語学教育研究所編『語学教育論集』早稲田大学語学教育研究所、1987。

4 川口義一「日本語アクセント指導方法」クロード・ロベルジュ、木村政康編著『日本語の発音指導－VT 法の理論と実際－』凡人社、1990。

5 "VT法（Verbo-Tonal Method)"

方法获得效果的几个案例，并指出，针对声调练习的"运动"没有"唯一绝对的解决方案"。关键在于，教师能够准确再现自我感受（如发音音位、运动、紧张感），并且该方法对学习者在物理和心理上都易于接受。最后，他提到，应将学习者的"创造性"发挥到最大。

5.3.2 木村的研究

木村[1]（1996）在解释了"VT法"所基于的言语听觉理论之后，介绍了日本语发音指导的方法。文中介绍了语调、促音以及儿童歌曲节奏的指导方法，并且涵盖了各自的代表性内容。此外，该文献还包含一部视频（木村1996）。尽管是模拟授课，也可以实际观看授课场景。通过观看视频，可以具体了解手部动作的实施方式。

5.3.3 土岐哲的记述[2]

动作伴随的声调生成指导技术在其他文献中也有介绍。例如，《日本语教育事典》中土岐哲的记述中，作为培养声调高低感的具体方法，介绍了"根据声音的高低上下移动拳头"（参见 5.3.1）。然而，该方法中的"根据声音"仅仅是将拳头的动作作为一种辅助手段来视觉化声调。另一方面，"VT法"的"运动"在重复的"运动"中，为学习者创造一个更易于接受特定声调方式的环境，因此扮演着更为积极的角色。

5.4 问题设置和假设

上述便是日本语教育中"VT法"研究的综述，从中可以大致理解"VT法"的优点和缺点。传统的日语声调教学主要依赖录音带等音频教材，通过机械的听力训练进行教学，这导致了学习者的学习兴趣不高。相比之下，"VT

---

1 木村政康「VT法（ヴェルボトナル法）」鎌田修、川口義一、鈴木睦 編著『日本語教授法ワークショップ』凡人社、1996a、151-175 頁。
2 土岐哲「アクセント」『日本語教育事典』日本語教育学会編 大修館、1982、26-43 頁。

法"在发音学习中采用了全语言结构的视角,这一点具有独特性。此外,"VT法"还包括了声调特征的指导,这才被认为是一种有效的方法。

然而,迄今为止关于"VT法"的日语教育研究主要集中于方法论的描述,对于学习者如何感受"VT法"课程以及实际效果的具体报告较少。

因此,以下将进行"针对中文母语者的'VT法'声调指导"研究,以明确学习者对该方法的感受和意见,并验证其学习效果。

为了测量"VT法"的指导效果,首先将被试分为两个组。一个组为实验组,采用"VT法"进行练习;另一个组为对照组,采用传统的指导方法进行练习。通过分析实验组和对照组在指导前后的得分,比较和检验"VT法"的指导效果。

6 实验1

6.1 实验目的

关于中文母语者的声调错误,虽然母语干扰、训练迁移、过度泛化等都是影响因素,但声调的功能也可能起着重要作用。中文的声调主要用于区分词义,其语法功能较弱。相对而言,日语的声调则更强调语法功能。在口语中,两个以上的单词连用时,声调决定了它们是复合词还是独立单词。因此,中文母语者对声调的语法功能认识不足,常常将复合词拆开读。

因此,本章旨在对中文母语者进行"VT法"指导下的日语复合词声调训练,以验证"VT法"的指导效果。

6.2 实验方法

6.2.1 受试者的标准

① 选择15名在日本居住时间为1年以上3年以下的中文母语者作为受试者。

② 从以"留学生(学生)生活"为关键词提取的词汇表中选取30个词汇(详见附录资料1),分别呈现给受试者。根据受试者对这些词汇声调的掌握程度来判断,并据此设定单词水平。

③ 根据1-②的结果对受试者的水平进行评估。

6.2.2 问题的制定方式

① 从步骤1-②中受试者能够正确回答的单词(即资料中的灰色单词)中提取出单词。例如:"駅"(车站)、"銀行"(银行)。

② 使用步骤2-①中提取出的15个单词创建复合词,选择在意义上无关的复合词。例如:"駅銀行"(车站银行)。

③ 从步骤2-②创建的复合词中随机选择36个。

④ 从步骤 2-②中的单词群体中随机选择 15 个单词。

⑤ 步骤 2-③和步骤 2-④中选择的单词总共为 51 个，这些单词混合了复合词和单词，并进行随机排列。

⑥ 准备三种类型的卡片，并确保其内容在考虑声调型的基础上均匀分布。

6.2.3 实验步骤

① 将 15 名受试者分为两组，其中 8 名使用"VT 法"进行练习，另外 7 名使用传统的指导方法进行练习。

② 随机向受试者展示从 2-⑤中选择的单词组（卡片）。

③ 使用"VT 法"进行练习的组：

关于手的具体动作，参考川口[1]。（见图 6-1）

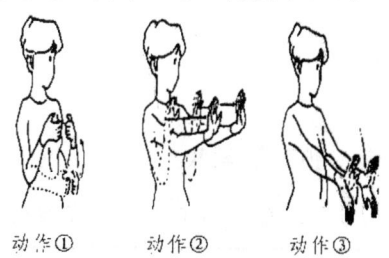

图 6-1 指导法

（1）首先，一边举起摆好姿势的手，一边发出"ロー"的发音。（动作①）

（2）接着，一边慢慢地抬起手腕，一边发"ドー"，手向前伸的同时，发持续的长音和"ジョー"。（动作②）

（3）从"ジョー"的母音的后半部分开始指尖向下，接着一边发持续的长音一边垂下手，在手还没有垂完的时候结束发"ケン"的音。为了培养拍的感觉，要注意转换到"ン"的时机，两个音的长度要差不多。（动作③）

---

[1] 川口義一「日本語アクセントの指導方法」クロード・ロベルジュ、木村政康編著『日本語の発音指導－VT法の理論と実際－』凡人社、1996。

具体的指导流程是，教师边做手势边示范发音，受试者则在模仿教师相同的动作时进行发音练习。每次练习时间为15分钟，受试者个人进行发音并配合手势。对于发音不准确的部分，教师会在做手势的同时给予反馈和修正，帮助受试者更好地发音。练习结束后，受试者将不再做手势进行发音。

使用传统的指导方法进行练习的组：首先，教师向受试者展示卡片并示范模范发音。在此过程中，受试者将模仿教师的模范发音。随后，给予受试者15分钟的练习时间进行反复练习。练习结束时，再次检查最终的发音准确性。

此外，在检查3-②时，重要的是区分复合词的发音准确性和单独单词的发音准确性。

6.3 实验结果

表6-1和表6-2显示了相关的结果。

表6-1 未使用"VT法"的实验结果

B（未使用"VT法"）				
受试者	误用数	误用率	改善数（X）	改善率（X/Y）
B-1	30	58.8%	13	43.3%
B-2	32	62.7%	7	21.9%
B-3	35	68.6%	8	22.9%
B-4	23	45.1%	13	56.5%
B-5	32	62.7%	8	25.0%
B-6	31	60.8%	10	32.3%
B-7	32	62.7%	7	21.9%
合计	215		66	
平均	30.7	60.2%	9.4	31.9%

表 6-2 使用"VT 法"的实验结果

A（使用"VT 法"）				
受试者	误用数	误用率	改善数（X）	改善率（X/Y）
A-1	37	72.5%	28	75.7%
A-2	5	9.8%	4	80.0%
A-3	8	15.7%	7	87.5%
A-4	34	66.7%	30	88.2%
A-5	27	52.9%	24	88.9%
A-6	4	7.8%	3	75.0%
A-7	20	39.2%	19	95.0%
A-8	30	58.8%	27	90.0%
合计	165		142	
平均	20.6	40.4%	17.8	85.9%

根据受试者的得分情况进行比较，将误用数同为30个的B-1和A-8进行对比，结果显示，B-1的30个误用中只有13个得到了改善。而使用了"VT法"的A-8，30个误用中有27个得到了改善，后者的改善效果大约是前者的两倍。另外，对比误用数为35个的B-3和误用数为34个的A-4，B-3的35个误用中仅改善了8个。相比之下，A-4的34个误用中改善了30个，明显更多。

总体来看，如图6-2所示，未使用"VT法"的B组的平均改善率为31.9%，而使用了"VT法"的A组的平均改善率为85.9%。从结果可以看出，明确指导语音声

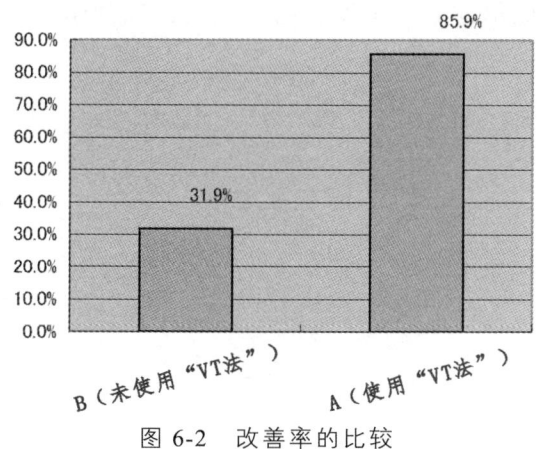

图 6-2 改善率的比较

调的效果普遍显著，尤其是使用"VT法"的组相比使用传统指导法的组，改善效果更为明显。

6.4 讨论和课题

本章中，我们针对中文母语者进行了使用"VT法"进行复合词声调指导的实验，并通过实验验证了其效果。

研究表明，学习者在接受声调指导后，相比未接受指导时更能意识到发音的重要性。此外，我们发现在未使用"VT法"进行复合词指导时，受试者往往会出现声调位置不明确、难以理解的情况，而通过"VT法"的"身体节奏运动"，提供视觉信息，可以在一定程度上改善这种情况。

然而，这项实验也存在一些问题。由于未能有效平衡分组中受试者的日语能力差异，因此在实验1中虽然观察到了一定的趋势，但未能进行严格的量化分析。在将17名受试者分成两组时，考虑了发音测试成绩、在日本居住的时间以及日语学习经历等因素，以确保两组中的中文母语者日语能力基本相同。然而，这样的分组控制仍然不够完善，仍然需进一步提升以进行更精确的比较分析。

在下一阶段，笔者认为有必要深入研究，不仅限于复合词声调，还包括其他单词的正确发音指导方法，以便学习者能够掌握正确的发音。

7 实验 2

7.1 实验目的

中文与日语都是带有高低音节的语言，但它们在语音特性上有显著的不同。在日语中，像"アメ"（雨）或"大工"（大工匠）中音节之间的相对高低差别是重要的，而在中文中，例如音节"ma"，它的内部音高变化（四声）决定了其意义。发音高平的"母"和尾声上扬的"麻"，或者先下降再上升的"马"，以及起伏急剧的"骂"，每一个都有不同的含义。

对于中文母语者来说，他们母语的声调会影响并经常干扰到正确学习日语的声调。中文为母语的人倾向于按照中文的声调来进行日语的发音。

因此，本章旨在以中文为母语的人群为对象，通过"VT 法"进行日语单词声调的教学，并验证"VT 法"的教学效果。

7.2 实验方法

7.2.1 关于实验词汇

① 根据国立国语研究所报告 21《现代杂志九十种的用语用字》（1962）[1]的词汇表，从高频使用的词汇及被选入《教育基本词汇》[2]的 22 500 个词中，挑选出不与上述书籍重复的名词（不包括复合词）。

② 在 1-①中的词汇中，挑选出在日语发音时可能受到中文四声干扰的词汇（仅包括平板型和头高型）。在此过程中，参考有关"四声干扰"的文献及《日语发音声调词典》，进行精选。

例：将头高型读成「中高型」　かがく（科学）→ かがく

　　　　　　　　　　　　　　そこく（祖国）→ そこく

　　将平板型读成「中高型」　わたし（私）→ わたし

　　　　　　　　　　　　　　なまえ（名前）→ なまえ

---

1 国立国語研究所報告第 21『現代雑誌九十種の用語用字』、1962。
2 国立国語研究所『日本語教育のための基本語彙調査』、1984。

7.2.2 关于受试者

① 受试者是在日本居住时间在 1 年以上 3 年以下的中文母语者,共 18 名。其中女性 11 名,男性 8 名。平均年龄为 26 岁。

② 为了了解受试者的日语整体水平,受试者参加了日本语能力测试 2 级水平的考试。(考试时长:1 小时)

③ 通过独立编辑往年的日本语能力测试 2 级考题,制作了非官方的独自设定的 2 级考题。在此过程中,并未向受试者明示这是日本语能力测试 2 级考题。

④ 考试在留学生宿舍或大学的一个房间内举行,尽可能在同一时间进行,分别对每位受试者进行测试。

⑤ 保持考试时间和周围环境相对一致,笔者作为考试监督员在场。

⑥ 根据考试结果的分数,将被试者分为两组,并使用 1-① 中提到的词汇组,在随后的主实验中通过"VT 法"测量效果的差异。

⑦ 在进行实验之前,使用 t 检验检验两组数据之间的差异。

7.2.3 问题的制作方法

① 视频制作:为了统一目标呈现次数和受试者的练习次数,使用 1-① 中列出的 32 个单词制作视频。

② 视频分为两种类型,基于视觉信息的控制。一种是拍摄带有声调符号的卡片,另一种是笔者通过"VT 法"展示的"身体节奏运动"来示范发音。

③ 笔者的"VT 法"中的"身体节奏运动"具体描述如下。

ⅰ 平板型"政治(セイジ)"声调的指导步骤:

首先,将手摆好,举起,同时发出"セ"的发音。

接着,慢慢地提起手腕,同时发出"イ"的发音,随后将手向前伸展,持续发出长音和"ジ"的发音。

在指导被试者时,教师会观察被试者的动作与发音之间的关系。例如在发音"セ"时手是否抬得太高,或在发音"イ"时手是否摇晃不定等,以确保动作的适当性。同时,注意保持轻松的体态,使注意力集中。

ⅱ 头高型（经济）声调的指导步骤：

对于头高型的情况，手应水平放置并稍微向上移动后再下降。这样做的目的是学习第二拍的低音持续，而不再上升。在这里，通过放松手腕并使指尖向下，逐渐放松腕部肌肉的力量，从而逐步减少平坦高音部分的紧张。这种逐步的动作设计是为了防止在下降时出现强弱音和声调变化。

无论如何，重要的是在教授声调时避免急剧的动作变化，而是要确保一切都流畅进行，并伴随适当的紧张感。这对于日语的声调听觉和表达中的音高差异比较来说至关重要。

平板型（政治）声调的教学中，拍摄了带有声调符号的卡片。

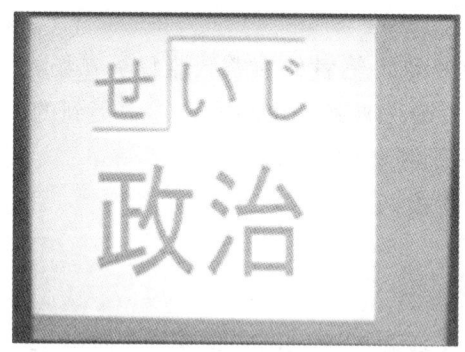

图 7-1　无"VT 法"

图 7-2　有"VT 法"

头高型（经济）声调的教学中，拍摄了带有声调符号的卡片。

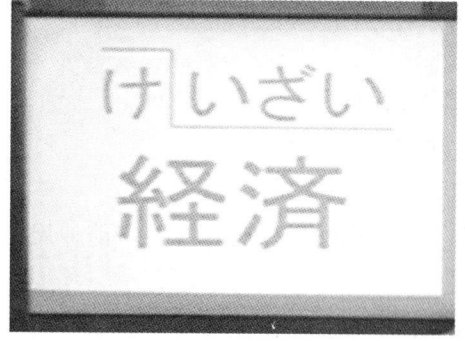

图 7-3　无"VT 法"

图 7-4　有"VT 法"

7.2.4 实验步骤

① 首先，根据上述的熟练度测试成绩，将 18 名受试者使用随机分组法分为两组：9 名受试者作为实验组使用"VT法"进行训练，另外 9 名受试者作为对照组采用传统教学方法进行训练。

② 关于受试者的同质性：为了确定两组是否同质，进行了综合日语能力测试。独立样本 t 检验的结果表明，两组在日语能力上没有显著差异 [t（16）=0.539, p=.597]。

③ 分别对两种视频进行发音并录制。

7.2.5 实验处理前后

① 发音的评分方法是根据声调是否正确，每个单词得 1 分。由 3 名日语母语者评分，如果所有评分者都认为正确则得到最大的 3 分。如果 2 人认为正确则得 2 分，如果只有 1 人认为正确则得 1 分。总共练习了 32 个单词，其中包括 16 个 3 拍子的单词和 16 个 4 拍子的单词。在实验的 32 个单词中，由于单词"失礼"的声调模式与其他单词不同（为中高型），因此在统计评分时未予采用。

② 笔者决定通过听录音带来评分，为了确保准确评估，请日语母语者进行评分。（参见第一点）

③ 由 3 名日语母语者进行评分，结果显示一致度达到 90.2%。

④ 3 名日语母语者评分差异的原因：

ⅰ 口音的高低判断：在头高型的评价上基本一致。

在判断平板型"むかし"的口音时，对于将"むかし"评为 1 分或评为 0 分的判断不一致。

ⅱ 根据每个个人说话者的特点，发音和音节长度的评估可能有所不同。

在个人说话者的特征下，例如在关西方言中，由于语尾长元音会变成短元音，因此评估中的音节长度会有所不同。如：

旅行　りょこう→りょこー

虽然上面的发音是正确的，但一位评估者给"旅行　りょこう→りょこー"发音打了 1 分，而另一位评估者则给出了 0 分。

7.3 实验结果

分析 1. 关于声调指导及"VT 法"效果的分析。

为了研究声调指导及其方法"VT 法"的效果,我们进行了基于 2(指导前后)×2(是否应用"VT 法")的重复测量方差分析。平均值和标准偏差如表 7-1 所示。

表 7-1 根据指导前后和"VT 法"的有无,声调正确率和前后变化

"VT 法"	指导前		指导后		指导前后的差异
	平均	标准偏差	平均	标准偏差	
无	50.35%	12.05	70.62%	20.14	20.27%
有	52.43%	12.18	72.22%	16.35	19.79%
全体	51.39%	11.80	71.40%	17.81	20.01%

指导前后进行了相同的测试,然后进行了 2("VT 法"的有无)×2(指导的前后)的方差分析。结果显示,指导的前后存在显著的主效应 $F(1, 16) = 28.321$,$p < .001$。这表明,指导后的声调正确率($M = 0.714$)显著高于指导前($M = 0.514$)。

然而,关于"VT 法"是否有影响,结果显示没有显著的主效应 $F(1, 16) = 0.086$,$p = .77$。因此,虽然指导的效果显著,但并未表明特定的"VT 法"方法在产生这一效果中起到了作用。

分析 2.指导和"VT 法"效果分析结果的散布图。

a. 图 7-5 展示了关于指导和"VT 法"效果的分析结果的散布图。

b. 横轴表示指导前的评估,即第一次读单词时的评分;纵轴表示指导后的评估,即在受试者接受指导后的评分。每个点代表 18 名评估者,即针对 18 名受试者的发音评分的平均值,并分别对每位评估者进行了坐标化。

c. 位于对角线以上的点表示学习者的评分有所提高。点集中在对角线附近或对角线以下的情况表明效果不明显

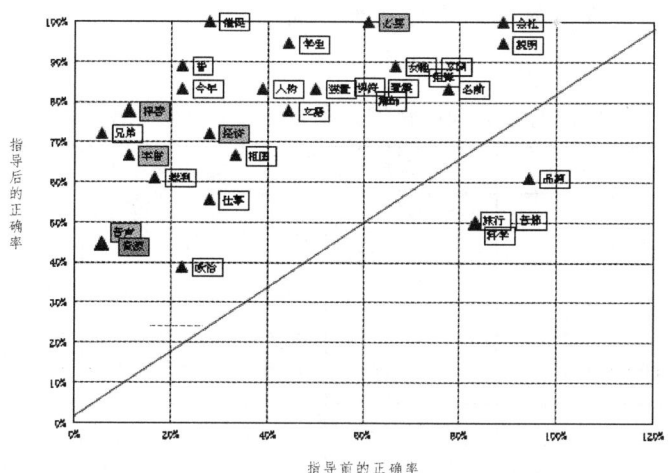

图 7-5 指导前后单一词汇声调正确率

注：灰色的单词表示在正确率的差异检验中显著性的单词。

分析 3．个别单词指导效果分析。

a. 虽然未观察到"VT 法"的效果，但声调指导本身的效果显著。因此，针对每个单词，通过比较教学前后的正确率和错误率的比例，分别分析了指导的效果。

我们使用了基于 χ^2 分布的母比率差异检验进行分析。具体结果请见表 7-2。

b. 表 7-2 中的 χ^2 值，涉及对教学前后的正确率和错误率比例差异的考察。

c. 根据结果，32 个单词中有 6 个单词经过指导后表现出显著的效果（例如："拝啓""宇宙""経済""資源""音声""必要"）。由此可见，大约 20%的单词可以说是有指导效果的。

d. 这 6 个指导效果显著的单词中，分析它们的特征时发现除了"必要"以外，所有单词都是头高型的。相对地，对于其余 25 个效果不显著的单词的特征分析表明，其中一半以上是平板型的。（例如："切符""今年""会社"等）

e. 由上可知，中文母语者在对许多日语单词进行发音时，倾向于平板型发音，并且发音还可能会在中途下降，这也许能解释为什么在本次实验

中有 6 个单词表现出显著的指导效果，而其余 25 个单词的指导效果则不太显著。

表 7-2 指导前后刺激词的声调正确率（%）母比率差异检定结果

单词	指导前（n=18）			指导后（n=18）			指导前后正确率差值	卡方值与显著率
	正确人数	不正确人数	正确率	正确人数	不正确人数	正确率		
拝啓	2	16	11.11%	14	4	77.78%	66.67%	χ2(1)=16.200, p<.001
宇宙	2	16	11.11%	12	6	66.67%	55.56%	χ2(1)=11.688, p<.01
経済	5	13	27.78%	13	5	72.22%	44.44%	χ2(1)=7.111, p<.01
必要	11	7	61.11%	18	0	100.00%	38.89%	χ2(1)=8.690, p<.01
音声	1	17	5.56%	8	10	44.44%	38.89%	χ2(1)=7.259, p<.01
資源	1	17	5.56%	8	10	44.44%	38.89%	χ2(1)=7.259, p<.01
祖国	6	12	33.33%	12	6	66.67%	33.33%	χ2(1)=4.000, p<.05
催促	5	13	27.78%	18	0	100.00%	72.22%	χ2(1)=3.462, n.s.
兄弟	1	17	5.56%	13	5	72.22%	66.67%	χ2(1)=0.062, n.s.
昔	4	14	22.22%	16	2	88.89%	66.67%	χ2(1)=0.161, n.s.
今年	4	14	22.22%	15	3	83.33%	61.11%	χ2(1)=1.004, n.s.
学生	8	7	44.44%	17	1	94.44%	50.00%	χ2(1)=2.813, n.s.
裁判	3	15	16.67%	11	7	61.11%	44.44%	χ2(1)=0.180, n.s.
人物	7	11	38.89%	15	3	83.33%	44.44%	χ2(1)=2.291, n.s.
装置	9	9	50.00%	15	3	83.33%	33.33%	χ2(1)=0.400, n.s.

续表

单词	指导前（n=18）			指导后（n=18）			指导前后正确率差值	卡方值与显著率
	正确人数	不正确人数	正确率	正确人数	不正确人数	正确率		
文語	8	10	44.44%	14	4	77.78%	33.33%	$\chi^2(1)=0.900$, n.s.
切符	10	8	55.56%	15	3	83.33%	27.78%	$\chi^2(1)=3.545$, n.s.
仕事	5	13	27.78%	10	8	55.56%	27.78%	$\chi^2(1)=0.865$, n.s.
看護	11	7	61.11%	15	3	83.33%	22.22%	$\chi^2(1)=0.234$, n.s.
講師	11	7	61.11%	15	3	83.33%	22.22%	$\chi^2(1)=1.606$, n.s.
女性	12	6	66.67%	16	2	88.89%	22.22%	$\chi^2(1)=0.281$, n.s.
政治	4	14	22.22%	7	11	38.89%	16.67%	$\chi^2(1)=0.417$, n.s.
玄関	13	5	72.22%	16	2	88.89%	16.67%	$\chi^2(1)=1.675$, n.s.
組織	13	5	72.22%	16	2	88.89%	16.67%	$\chi^2(1)=2.714$, n.s.
会社	16	2	88.89%	18	0	100.00%	11.11%	$\chi^2(1)=0.450$, n.s.
説明	16	2	88.89%	17	1	94.44%	5.56%	$\chi^2(1)=0.364$, n.s.
名前	14	0	77.78%	15	3	83.33%	5.56%	$\chi^2(1)=0.177$, n.s.
品詞	17	1	94.44%	7	11	61.11%	33.33%	$\chi^2(1)=0.674$, n.s.
旅行	15	3	83.33%	9	9	50.00%	33.33%	$\chi^2(1)=0.257$, n.s.
科学	15	3	83.33%	9	9	50.00%	33.33%	$\chi^2(1)=0.257$, n.s.
音節	16	2	88.89%	9	9	50.00%	38.89%	$\chi^2(1)=1.800$, n.s.

分析 4. 分析受试者在指导前后正确率的差异。

a. 由于发现了声调指导在指导前后的显著效果，为了探讨这种效果对哪些受试者有效，我们进行了指导前后受试者正解率差异的检验。

b. 表 7-3 展示了指导前后受试者正解率差异的结果。

c. 上位群和下位群的分类并不依赖于 GRAS，而是根据发音测试前的平均分 49.82 为基准划分。平均分以下的组被定义为下位群，以上的组则为上位群，分别为 8 人和 10 人。

d. 上位群的发音测试前平均分为 62.1 分，指导后为 78.2 分，差值为 16.1 分。而下位群的发音测试前平均分为 40 分，指导后为 68.1 分，差值高达 28.1 分。这些结果如图 7-6 所示。

e. 因此，对于下位群的受试者，发音指导的效果非常显著，而对于上位群的受试者，分析发现指导前后得分变化不大。这可能是因为下位群的受试者正处于发音变化的阶段，因此发音指导的效果非常明显。相反，上位群的受试者可能已经形成了错误的发音习惯或知识，在这种阶段发音指导的效果可能不那么显著。

f. 然而，对于上位群的受试者，声调指导并非无济于事，而是需要教师根据不同阶段提供适当的教育形式。

表 7-3 受试者在指导前后的正确率（%）差异结果

受试者	指导前（n=31）		指导后（n=31）		指导前后的正确率差异
	正确数	正确率	正确数	正确率	
A-1	13	41.94%	26	83.87%	41.94%
A-2	21	67.74%	25	80.65%	12.90%
A-3	10	32.26%	21	67.74%	35.48%
A-4	18	58.06%	23	74.19%	16.13%
A-5	14	45.16%	25	80.65%	35.48
A-6	21	67.74%	28	90.32%	22.58%
A-7	14	45.16%	17	54.84%	9.68%
A-8	14	45.16%	28	90.32%	45.16%
A-9	10	32.26%	14	45.16%	12.90%

续表

受试者	指导前（n=31）		指导后（n=31）		指导前后的正确率差异
	正确数	正确率	正确数	正确率	
B-1	22	70.96%	29	93.55%	22.58%
B-2	22	58.06%	28	90.32%	32.26%
B-4	10	32.26%	25	80.65%	48.39%
B-5	20	64.52%	27	87.10%	22.58%
B-6	16	51.61%	17	54.84%	3.23%
B-7	11	35.48%	13	41.94%	6.45%
B-8	15	48.39%	28	90.32%	41.94%
B-9	13	41.94%	14	45.16%	3.23%

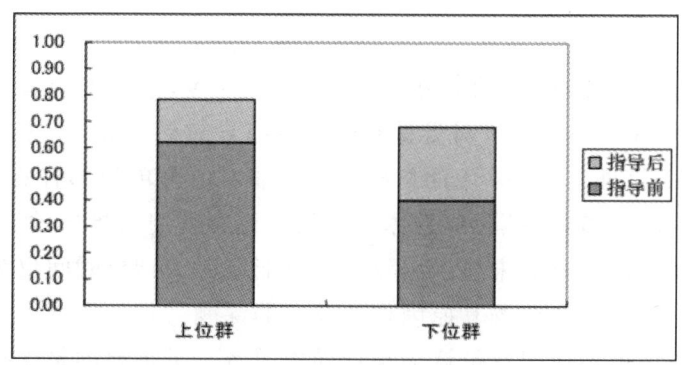

图 7-6 指导前后受试者正确率的差异

分析 5. 上位群和下位群在指导前成绩（平均值差异）的检验。

a. 指导前后，由于受试者的正确率有所差异，考虑了上位群和下位群在指导前的成绩（平均值的差）是否显著。

b. 对上位群和下位群在指导前的平均值差进行了等方差性检验，结果未显示出显著差异。由此，我们进行了假定平均值差具有等方差性的 t 检验。结果显示，在5%水平下存在显著差异。t（16）=7.22，$p<.001$。这表明，上位群（M=0.62）显著高于下位群（M=0.40）。

分析 6. 指导前后，上位群和下位群的伸长率差异的检验。

a. 我们考虑了上位群和下位群的伸长率差异是否显著。

　　b. 在指导前后的伸长率差异中，通过等方差检验发现存在显著差异。因此，我们进行了假定平均值差异无等方差性的检验。结果显示，在 5% 的水平下平均值差异不显著。t（16）=1.71，p＞.001。这表明，指导前后，下位群（M=0.281）的伸长率高于上位群（M=0.161），但这种差异并不显著。

　　c. 由此可推测出两个因素。首先是由于上位群和下位群的样本量都过小，可能导致未观察到显著的主效应。另一个因素是，由于上位群和下位群的变异性都较大，可能导致未能观察到显著效果。

7.4　讨论和课题

　　本章中，我们针对中文母语者进行了基于"VT法"的单音节词声调指导，并验证了其效果。尽管对受试者的声调指导效果显著，但未观察到"VT法"的效果。另外，本次采用的指导方法并非对所有单词都有效。大约20%的单词显示出了指导效果，但总体而言很难说有普遍的指导效果。约15.3%的单词在发音指导方面未显示出效果。可能是因为指导时间仅为15分钟，效果未能立即显现。调查其原因将是今后的课题。

　　教师的角色不应仅仅被认为是指导学习者，更重要的是支持学习者，为他们提供更好的学习方法、学习环境。这包括提供听觉信息、视觉信息以及基于"VT法"的"身体节奏运动"等多种信息。因为让学习者从中找到适合自己的学习方法是至关重要的。

8 考察和摘要

在本研究中，我们针对中文母语者进行了"VT法"的教学效果验证。

在实验1中，我们比较了使用"VT法"和不使用"VT法"对复合词声调指导的效果。结果显示，使用"VT法"可以有效纠正复合词声调的错误。但由于统计处理不够充分，只能看到总体趋势。

在实验2中，我们对单音节词的声调进行了指导，发现被试者在声调指导上的效果显著，但并未观察到"VT法"的效果。熟练度测试成绩显示，参与本实验的被试者的日语能力处于初级到中级水平，已具备一定的日语发音和声调能力。

这里需要讨论的问题是，也许"VT法"对于日语能力处于入门阶段的学习者会更有效。如果能在日语知识几乎为零的学习早期阶段发挥作用，那么"VT法"的使用方法可能会更有意义。因此，这个问题也将成为笔者未来研究的课题。

正如一些话所说："唯一绝对的指导法是不存在的"，"要根据学习者的适应性进行指导"，不同的人有不同的有效教学方法。考虑"按母语进行指导"，重要的是不要认为某种教学方法只适用于特定的母语者，而是应该尝试将其适用于其他语言的学习者，即使他们产生错误的原因可能是不同的。这也意味着我们不应局限于单一的教学方法，而是应该寻找效果更为显著的方法，就算它可能在某种程度上偏离传统语音学理论，也值得实践。

所以，我们有必要去探索更为有效的教育方法。

未来，笔者希望能基于"VT法"，去进一步研究和探讨不同的教学方法。

附 録

付 録

附录1 实验1（复合语）数据
付録1 実験1（複合語）のデータ

実験1―語彙（30個）			
型	拍		
	2	3	4
平板型		頭	銀行
		隣	来週
		会話	
頭高型	母	家族	音楽
	夜	意見	来月
	妻	天気	毎月
	空	緑	
	駅		
中高型		心	飛行機
			図書館
			果物
尾高型	国	男	台風
	歌	歴史	工場
	姉		
	色		
	地下		

実験1―複合語					
①	チェック欄	②	チェック欄	③	チェック欄
会話果物		駅会話		空男	
果物会話		歴史飛行機		来週歴史	

123

续表

実験1—複合語					
①	チェック欄	②	チェック欄	③	チェック欄
隣		隣		頭	
男台風		空頭		妻家族	
空歴史		来週隣		隣果物	
頭		会話台風		母隣	
台風会話		隣台風		家族	
飛行機頭		歴史果物		男来週	
男銀行		夜		飛行機	
駅		駅飛行機		空会話	
頭銀行		母銀行		果物	
飛行機歴史		妻飛行機		来週男	
頭台風		駅歴史		夜果物	
妻会話		飛行機		家族来週	
夜会話		空来週		妻	
妻		台風頭		来週頭	
果物家族		会話		駅	
意見台風		夜銀行		隣来週	
来週家族		歴史台風		銀行歴史	
来週会話		家族		駅隣	
飛行機		空飛行機		夜	
銀行頭		駅		会話来週	
家族		夜飛行機		果物頭	
意見銀行		会話銀行		空	
台風		母台風		母家族	
駅銀行		母頭		妻台風	

续表

実験1―複合語					
①	チェック欄	②	チェック欄	③	チェック欄
隣銀行		飛行機男		頭果物	
母飛行機		歴史		飛行機家族	
空台風		銀行会話		駅来週	
銀行男		夜男		歴史	
果物		銀行		男果物	
駅頭		家族台風		家族果物	
妻歴史		頭		歴史来週	
歴史銀行		台風男		台風	
夜		飛行機会話		妻来週	
夜歴史		空		銀行家族	
銀行		妻頭		母	
駅男		台風歴史		空果物	
妻果物		意見飛行機		銀行隣	
歴史		妻		母来週	
空銀行		男飛行機		駅家族	
男		空家族		銀行	
空		台風		果物会話	
母男		果物歴史		夜来週	
妻銀行		男		隣	
家族飛行機		台風家族		駅台風	
夜台風		果物		意見来週	
母		頭飛行機		会話	
会話		夜頭		家族銀行	
母会話		隣飛行機		男	
会話飛行機		母		妻男	

附录2 实验2（单一语）数据

付録2　実験2（単一語）のデータ

実験2—プリテスト	
催促	さいそく
看護	かんご
切符	きっぷ
政治	せいじ
兄弟	きょうだい
音節	おんせつ
品詞	ひんし
裁判	さいばん
文語	ぶんご
名前	なまえ
音声	おんせい
資源	しげん
仕事	しごと
祖国	そこく
拝啓	はいけい
今年	ことし
宇宙	うちゅう
女性	じょせい
講師	こうし
学生	がくせい
玄関	げんかん
説明	せつめい
必要	ひつよう
会社	かいしゃ
組織	そしき
装置	そうち

续表

実験2―プリテスト	
経済	けいざい
科学	むかし
科学	かがく
旅行	りょこう
人物	じんぶつ

実験2―ポスト・テスト	
名前	なまえ
仕事	しごと
拝啓	はいけい
文語	ぶんご
玄関	げんかん
品詞	ひんし
看護	かんご
裁判	さいばん
切符	きっぷ
必要	ひつよう
宇宙	うちゅう
政治	せいじ
資源	しげん
催促	さいそく
兄弟	きょうだい
科学	かがく
会社	かいしゃ
旅行	りょこう
装置	そうち

実験 2—ポスト・テスト	
音声	おんせい
今年	ことし
祖国	そこく
経済	けいざい
音節	おんせつ
人物	じんぶつ
講師	こうし
昔	むかし
組織	そしき
女性	じょせい
説明	せつめい
学生	がくせい

実験 2—授業（練習）用	
私	わたし
昔	むかし
名前	なまえ
政治	せいじ
品詞	ひんし
文語	ぶんご
切符	きっぷ
今年	ことし
仕事	しごと
音節	おんせつ
説明	せつめい
女性	じょせい

附录

续表

実験2—授業（練習）用	
旅行	りょこう
学生	がくせい
必要	ひつよう
会社	かいしゃ
科学	かがく
祖国	そこく
組織	そしき
看護	かんご
資源	しげん
講師	こうし
宇宙	うちゅう
装置	そうち
玄関	げんかん
人物	じんぶつ
兄弟	きょうだい
経済	けいざい
裁判	さいばん
催促	さいそく
音声	おんせい
拝啓	はいけい

以中文母语者为对象的日语声调指导法研究

附录3 关于日语学习的调查表与测试

付録3 日本語学習についての調査表・学力テスト

この調査表および学力テストは、私崔春福の執筆に必要な実験においてのみ使用するものです。他の目的に使用することはありません。

調 査 表

氏　名		年　齢	
国　籍		男　女	
職業・学校名			
日本・滞在期間			
これまでに受けた試験（例：日本語能力試験など）:			
住所		電話番号	
携帯＆パソコン（どっちもOK）メールアドレス：			

学力テスト

注　意

1.「始め」のあいずがあるまで、この問題用紙をあけないでください。

2. この問題用紙は、ページあります。

3. 問題には解答番号の①、②、③……が付いています。解答は、解答用紙にある同じ番号の解答欄にマークしてください。

附录

　　本调查表和学习能力测试，只在笔者执笔的必要实验中使用。没有用于其他目的。

调 查 表

姓　　名		年　　龄	
国　　籍		性　　别	
职业・学校名称			
日本・居住时间			
至今为止参加过哪些考试（例：日语能力测试）：			
地　　址		电话号码	
手机或电脑（任意都可）电子邮箱：			

学习能力测试

```
  注　意
1. 在听到"考试开始"的信号前，请不要翻开试卷。
2. 本试卷附有页码。
3. 每道题的选项前有 1、2、3……的序号。答题时，请在答题用纸中同一
   序号的解答栏内做标记。
```

131

附录 4　日语能力测试试卷　答题用纸
付録 4　日本語能力試験　回答用紙

名前
文字・語彙

解答番号	回答欄				解答番号	回答欄			
	1	2	3	4		1	2	3	4
1	①	②	③	④	24	①	②	③	④
2	①	②	③	④	25	①	②	③	④
3	①	②	③	④	26	①	②	③	④
4	①	②	③	④	27	①	②	③	④
5	①	②	③	④	28	①	②	③	④
6	①	②	③	④	29	①	②	③	④
7	①	②	③	④	30	①	②	③	④
8	①	②	③	④	31	①	②	③	④
9	①	②	③	④	32	①	②	③	④
10	①	②	③	④	33	①	②	③	④
11	①	②	③	④	34	①	②	③	④
12	①	②	③	④	35	①	②	③	④
13	①	②	③	④	36	①	②	③	④
14	①	②	③	④	37	①	②	③	④
15	①	②	③	④	38	①	②	③	④
16	①	②	③	④	39	①	②	③	④
17	①	②	③	④	40	①	②	③	④
18	①	②	③	④	41	①	②	③	④
19	①	②	③	④	42	①	②	③	④
20	①	②	③	④	43	①	②	③	④
21	①	②	③	④	44	①	②	③	④
22	①	②	③	④	45	①	②	③	④
23	①	②	③	④					

文法・読解

解答番号	回答欄			
	1	2	3	4
1	①	②	③	④
2	①	②	③	④
3	①	②	③	④
4	①	②	③	④
5	①	②	③	④
6	①	②	③	④
7	①	②	③	④
8	①	②	③	④
9	①	②	③	④
10	①	②	③	④
11	①	②	③	④
12	①	②	③	④
13	①	②	③	④
14	①	②	③	④
15	①	②	③	④
16	①	②	③	④
17	①	②	③	④
18	①	②	③	④
19	①	②	③	④
20	①	②	③	④
21	①	②	③	④
22	①	②	③	④
23	①	②	③	④
24	①	②	③	④
25	①	②	③	④

問題 1　次の文の下線をつけた言葉は、どのように読みますか。その読み方を、それぞれの1・2・3・4から1つ選びなさい。

問1　へやの隅に置いてある机にペンキを塗ってください。
　　　　　　　①　　②　　　　③　　　　　　④

① 隅　　　　1　うち　　　2　かど　　　3　すみ　　　4　はし
② 置いて　1　おいて　　2　はいて　　3　びいて　　4　ふいて
③ 机　　　　1　いす　　　2　たな　　　3　つくえ　　4　はこ
④ 塗って　1　とって　　2　ぬって　　3　はって　　4　ほって

問2　この国の対日貿易の割合は全体の20%を占める。
　　　　　　　　　　⑤　　　　⑥　　　　　　　　⑦

⑤ 貿易　　1　ぼうい　　2　ぼうえき　3　りゅうい　4　りゅうえき
⑥ 割合　　1　かつあい　2　かつごう　3　わりあい　4　わりごう
⑦ 占める　1　うめる　　2　しめる　　3　つめる　　4　はめる

問3　その小さなミスが悲劇を招く原因となった。
　　　　　　　　　　　　⑧　　　⑨　⑩

⑧ 悲劇　　1　きげき　　2　こうげき　3　しょうげき　4　ひげき
⑨ 招く　　1　いだく　　2　のぞく　　3　はぶく　　4　まねく
⑩ 原因　　1　けにん　　2　げにん　　3　けんいん　4　げんいん

問4　ロケット発射のための作業はほぼ完了した。
　　　　　　　　　⑪　　　　　　⑫　　　　　⑬

⑪ 発射　　1　はつしゃ　2　はっしゃ　3　ほつしゃ　4　ほっしゃ
⑫ 作業　　1　さぎょ　　2　さぎょう　3　さくぎょ　4　さくぎょう
⑬ 完了　　1　かんり　　2　かんりょう　3　しゅうり　4　しゅうりょう

問題 2 次の下線をつけた言葉は、どのような漢字をかきますか。その漢字を、それぞれの 1・2・3・4 から 1 つ選びなさい。

問 5 「地球かんきょうをまもろう」と言うテーマのポスターをぼしゅうした。　14　　　15　　　　　　　　　16

14 かんきょう　1 還境　2 環境　3 還鏡　4 環鏡
15 まもろう　1 まもろう　2 なおろう　3 保ろう　4 補ろう
16 ぼしゅう　1 募収　2 幕収　3 募集　4 幕集

問 6 日がしずんだら、星のかんそくをしよう。　　　17　　　18

17 しずんだら　1 沈んだら　2 消んだら　3 傾んだら　4 滅んだら
18 かんそく　1 勘側　2 勘測　3 観側　4 観測

問 7 ここはおいこしきんしのくいきです。　　　19　20　　21

19 おいこし　1 追い越し　2 追い超し　3 遣い越し　4 遣い超し
20 きんし　1 防止　2 阻止　3 停止　4 禁止
21 くいき　1 区或　2 区咸　3 区域　4 区減

問 8 まどにすいてきが付いている。　　22　　23

22 まど　1 突　2 窓　3 窯　4 憲
23 すいてき　1 水滴　2 水摘　3 水適　4 水敵

問 9 多くの人がけいきのかいふくのかんしんを寄せている。　　　24　　25　　26

24 けいき　1 経気　2 景気　3 経機　4 景機
25 かいふく　1 回復　2 快復　3 回複　4 快複
26 かんしん　1 換心　2 感心　3 関心　4 歓心

問題 3 次の文の_____に入れるのに一番よいものを 1・2・3・4 から 1 つ選びなさい。

27 今月の_____はもういっぱいで、ほかの予定は入れられない。
1 オフィス　　2 シーズン　　3 スケジュール　　4 ダイヤ

28 _____、この辺で、次のテーマに移りたいと思います。
1 さて　　　　2 さらに　　　3 すると　　　　4 ところが

29 もし失敗しても、はじめてなんだから_____。
1 おもいがけない　2 くだらない　3 しかたがない　4 とんでもない

30 そんな_____は、でたらめだ。信じないほうがいい。
1 うがい　　　2 うまさ　　　3 うらみ　　　　4 うわさ

31 これいい人かと思っていたら、_____いい人だった。
1 案外　　　　2 事実　　　　3 少々　　　　　4 当然

32 税金を　　　のは、国民の義務(ぎむ)である。
1 あずける　　2 おさめる　　3 かぞえる　　　4 すませる

問題4　次の33から37は、言葉の意味や使い方を説明したものです。その説明に最も合う言葉を、1・2・3・4から1つ選びなさい。

33 考えや案など。
1 アイデア　　2 イメージ　　3 スタイル　　　4 ユーモア

34 ものの形や色がはっきりしない様子。
1 さっぱり　　2 たっぷり　　3 のんびり　　　4 ぼんやり

35 実際にやってみる。
1 だます　　　2 だまる　　　4 ためす　　　　4 ためる

36 ゆっくりうごく様子。
1 かたい　　　2 きつい　　　4 つらい　　　　4 のろい

37 嘘を言わないで、いつも本当のことを言う様子。
1 公式(こうしき)　2 公正(こうせい)　3 素直(すなお)　4 正直(しょうじき)

問題5　次の38から40の言葉の使い方として正しいものを、1・2・3・4から1つ選びなさい。

38 どうせ
1. どうせ健康でも、体に気をつけた方がいい。

2. 今から行ってもどうせ遅刻だから、行かないことにする。
3. 結果が良くても悪くても、どうせテストが終わると嬉しい。
4. パーティーに来るかどうか分からないが、どうせ聞いてみよう。

39 大した
1. 先日ここで大した事故が起きました。
2. この県の中央には大した湖があります。
3. 大した怪我じゃなくてよかったですね。
4. 後ろから大した声で呼ばれて、びっくりしました。

40 あるいは
1. この寺は古い、あるいは、有名な寺です。
2. この書類をファイル、あるいは、どうしましょうか。
3. 私は夏休みに温泉、あるいは、海水浴に行きました。
4. 今日中にファックス、あるいは、メールで送ってください。

問題6 41から45の下線の言葉の意味に最も似ているものを、1・2・3・4から1つ選びなさい。

41 こんなみっともないすがたは、誰にも見られたくない。
1 もったいない 2 恥ずかしい 3 たまらない 4 おとなしい

42 人生について、子供と真剣に話をしていますか。
1 きびしく 2 親しく 3 本当に 4 まじめに

43 この商品のサンプルを見せてください。
1 価格 2 材料 3 質料 4 見本

44 社会に貢献できるような研究がしたい。
1 すぐ使える 2 認められる 3 役に立つ 4 有名になる

45 画家は思い出のその地をたびたび訪ねている。
1 しばしば 2 そろそろ 3 たまたま 4 つぎつぎ

問題7 次の文章を読んで、後の問いに答えなさい。答えは、1・2・3・4から最も適当なものを1つ選びなさい。

子供を持ったことのある人なら、3歳の子供が電話に興味を持つことをご存知だと思う。会話がとても面白い時期である。話しかければ返事をしてくれる電話に夢中にならないはずがない。言葉の発達とともに、うちの電話機は子供のおもちゃとなっていった。初めのうちは、ジジババか（注1）らの電話の途中で少し話をして喜んでいるだけであったが、そのうちに掛かってくる電話にも<u>出たがるようになった</u>。（中略）
　　　　　　　　　　　　　　①
　　次に彼は、番号を押して自分で電話を掛けることに興味を覚えたようである。ジジババの家と、うちの子と話をするにを楽しみにしてくれる叔母にかぎって掛けさせることにして、この二軒の電話番号を＃01と＃02にしてあげた。彼はほとんど毎日<u>どちらかに電話をした</u>。「僕の
　　　　　　　　　　　　　　　　　（注2）②
名前はあおきいくまです。」「4歳になったらおおさわようちえんにいくんだよ」とか、「きょうねおにくとおやさいいっぱいたべたの。あとね、えーとね……」などなど、彼のおしゃべりに付き合っている叔母もたいへんだなと横で聞いていて思いつつ、<u>好きにさせておいた</u>。
　　　　　　　　　　　　　　　　　　　　　　　　　　③
　　「またおでんわしてねって言ってた」「ご飯をいっぱい食べてねって言ってたよ」「おばさんはひとりですんでいてさびしいんだって。ぼくとおはなしするのがたのしみだって。ぼくにあいたいって」
　　久しぶりにこの叔母に会うがあった。
　　「いつも子供が長々電話してすみません。」
　　「あーらやだ。何言ってんのよ、最近は電話してくんないじゃない。
　　　（注3）　　　　　　　　　　　　　　　　　（注4）
<u>子供は元気？</u>」彼は毎日この叔母と電話で話をしていたのではなか
　　　④
ったか。その夜、＃02に電話してみた。見知らぬ人が電話を取った。
　　　　　　　　　　　　　　　　　　　　　（注5）

「あなたがお父様ですか。いつもお坊ちゃまから可愛いお電話をいただいております。いつかごをお思っておりましたが、遅くなって申し訳ございません。私は、××と申すものです。いつもこの時間になるとお電話がこないと心持ちにしております。最近はそれはもう毎日のようにお電話をくださいますので、一日電話が来ないと風邪でも引いたのではないか、もしや事故にでもあったんじゃないかとかやきもしてしまうので
　　　　　⑤　　　　　　　　　　　　　　　（注6）
すよ。私は今まで眠れない日きがおおうございたのに、電話の向こうで
　　　　　　　　　　（注7）
"バイバイ"って言ってくれた日はぐっすりと眠れるようになりました。主人をおととしガンで亡くしがっくりきていたところに、頼みだった息
　　　　　　（注8）　　　　　（注9）
子夫婦も年前に交通事故で亡くなりましてね、孫も一緒だったんです。
　　　　　　　　　　　　　　　　　　　　⑥
生きていればもうじき4歳になるはずでした。幼稚園も決まっていましたのにねえ。そんな時にお宅のお坊ちゃまからお電話をいただきまして、初めは死んだはずの孫からかと思いました。1回だけの幸運な間違い電話のつもりでいたら何度も来るようになりまして、最初は、たどた
⑦　　　　　　　　　　　　　　　　　　　　（注10）
どしかったのに今ではもう立派にお話もできるようになって……。もしご迷惑でありませんでしたら、時々はお坊ちゃまのお声をお聞かせ願えませんでしょうか。」

　こんな話を聞いてしまったら嫌とは言えないだろう。叔母の家の電話番号をに入力する時のミスだったようだ。新たに本当の叔母の番号を＃03に入れた。そして彼は今も＃02に電話をしているようである。

　（青木晴彦「電話」『第11回NTTふれあいトーク大賞100選』NTT出版による）

　（注1）ジジババ：おじいさんとお婆さん

139

（注2）短縮番号にする：簡単にかけられるように電話番号を短い数字にして電話機にセットする

（注3）あーらやだ：少しおどろいた時に使う女性の言い方

（注4）電話してくんない：電話してくれない

（注5）見知らぬ人：全然知らない人

（注6）やきもきする：心配する

（注7）おおうございました：「多かった」の丁寧な言い方

（注8）ガン：病気の名前

（注9）がっくりくる：急に元気がなくなる

（注10）たどたどしい：話し方が幼い様子

問1　「出たがるようになった」とあるが、何をしたがるようになったのか。

1. 電話での大人の会話に自分も参加すること
2. 電話番号を押して、自分から電話をかけること
3. 大人が電話で話している間、外に遊びに行くこと
4. 相手とつながっていない電話をおもちゃにして遊ぶこと

問2　②「どちらかに電話をした」とあるが、筆者（親）は子供が誰と話していると思っていたか。

1. おばさんか見知らぬ人
2. おじいさんかお婆さん
3. おじいさんかお婆さんかおばさん
4. おじいさんかお婆さんか見知らぬ人

問3　③「好きにさせておいた」とあるが、誰か誰に何をさせておいたのか。

1. 母が子供を友達と遊ばせておいた
2. 叔母が子供に電話で話させておいた
3. 親が子供に電話をかけさせておいた
4. ジジババが子供を自由にさせておいた

問4 ④「子供は元気？」とあるが、なぜこのように言ったのか。
1．子供から全然電話がかかってこないから
2．親とはよく会うが子供とは全然合わないから
3．子供からときどきしか電話がかかってこないから
4．親とはよく会うが子供とはときどきしか合わないから

問5 ⑤「事故にでもあったんじゃないか」とあるが、この人は、誰が事故にあったと考えたのか。
1．この人の孫
2．この人の息子夫婦
3．電話をかける子供の親
4．電話をかけてくる子供

問6 ⑥「孫も一緒にだった」とあるが、どういう意味か。
1．主人を同じ病気で亡くなった
2．友達と同じ幼稚園に入った
3．お婆さんと一緒に電話で話した
4．息子夫婦と一緒に交通事故にあった

問7 ⑦「幸運な間違い電話」とあるが、なぜ「幸運」なのか。
1　めったにかかってこないから
2　孫のような子供の声が聞けたから
3　ちょうど待っていた電話だったから
4　自分から電話をかけなくてもいいから

問題8 次の⑧から⑯の文章を読んで、それぞれの問いに対する答えとして最も適当なものを1・2・3・4から1つ選びなさい。

⑧　彼女はいろいろと悩んだ_____、結婚をやめてしまった。
1　反面　　　2　以上　　　3　とたん　　　4　あげく

⑨　この作家の作品は、若い女性_____読めれている。
1　を中心に　　2　と同時に　　3　思えば　　4　を問わずに

⑩　内田さんは_____髪型が違う。

1　会ったらな　　　2　会うたびに　3　会ううちに　　4　会ったところ

⑪　引き受ける_____引き受けない_____、なるべく早く決めたほうがいい。
1　にも/にも　　　　　　　　2　につれ/につれ
3　なんて/なんて　　　　　　4　にしろ/にしろ

⑫　彼はチームのキャプテン_____、みんなに信頼されている。
1　のみで　2　にとって　3　だけあって　4　かというと

⑬　原料が安い_____、この製品は値段が安い。
1　ものの　　2　せいか　　3　くせに　　4　わりには

⑭　先生に教えて_____数学の面白さが分かりました。
1　いただきために　　　　3　いただいてはじめて
2　いただこうとしても　　4　いただいたことだから

⑮　オリンピックの成功_____、競技場や道路の整備が行われている。
1　にむけ　　2　として　　3　にそって　　4　のように

⑯　人生に短さを花_____、桜の花だ。
1　にくらべて　　　　　2　に応じては
2　にたとえると　　　　3　について言えば

問題 9　次の文の_____にはどんな言葉を入れたらよいか。1・2・3・4から最も適当なものを1つ選びなさい。

⑰　子供が大人と相撲をしたって、負ける_____。
1　まいか　2　ものによる　3　にすぎない　4　にきまっている

⑱　たった1回の授業では、とてもこの本の内容を説明_____。
1　しうる　　2　しそうだ　　3　したはずだ　　4　しきれない

⑲　どのコンピュータを買ったらよいか、なかなか一つには_____。
1　きめがたい　　　　　　　　　　2　きまかねない

3　きめるしかない　　　　　　　　4　きめてたまらない

20　大雨が降ると、あの橋はこわれる＿＿＿＿＿＿。

1　ものがある　　2　ことはない　　3　恐れがある　　4　かぎりではない

問題10　次の文の＿＿＿＿＿にはどんな言葉を入れたらよいか。1・2・3・4から最も適当なものを1つ選びなさい。

21　息子は、朝学校に行く際に、必ずと言っていいほど忘れ物をしている。出かけたかと思うと＿＿＿＿＿＿。

1. 忘れ物を届けに行く。
2. すぐ忘れ物を取りに帰ってくる
3. 夜になって忘れ物を確認している
4. 次の日まで忘れ物のことを思い出さない。

22　私達は彼のことが大嫌いだ。彼の話し方や服装からして＿＿＿＿＿＿。

1　がまんならない　　　　　　　　2　困ってはいない
3　理解せざるをえない　　　　　　4　ゆるすことができる

23　政府は、今年こそ経済が良くなると予測していた。しかし、この予測に＿＿＿＿＿＿、12月になった今も相変わらず良くなっていない。

1　際して　　　2　反して　　　3　そって　　　4したがって

24　今から野球大会を行います。試合開始に＿＿＿＿＿＿、会長からご挨拶をいただきます。

1　こたえて　　2　くわえて　　3　かけては　　　4　さきだち

25　田中さんは、あるパーティーで友達から1人の女性を紹介された。それを＿＿＿＿＿＿、田中さんはその女性と交際を始めたそうだ。

1　とわず　　2　はじめ　　3　こめて　　　4　きっかけに

参考文献

[1] 天沼寧、大坪一夫、水谷修（1978）『日本語音声学』くろしお出版

[2] 文化庁 「日本語教育指導参考書」『音声と音声教育』大蔵省印刷局

[3] 土岐哲（1982）「アクセント」『日本語教育事典』日本語教育学会編、大修館　pp.26-43

[4] 土岐哲（1989）「音声の指導」『講座日本語と日本語教育』13. pp.111-138 明治書院

[5] 今石元久（2005）『音声研究入門』和泉書院

[6] 加瀬次男（2001）「読みに求められる音声表現要素」『コミュニケーションのための日本語・音声表現』pp145-150

[7] 川口義一（1984）「発音と聴解の指導－上級レベルの問題点」『講座日本語教育』第20分冊、pp.37-47 早稲田大学語学教育研究所

[8] 川口義一（1987）「発音指導の方法」『講座日本語教育』第23分冊　pp.48-63 早稲田語学教育研究所

[9] 川口義一（1990）「日本語アクセント指導方法」クロード・ロベルジュ、木村政康編著『日本語の発音指導－VT法の理論と実際－』pp.115-136 凡人社

[10] 木村宗男（1982）『日本語教授法－研究と実践－』凡人社

[11] 木村政康（1996a）「VT法（ヴェルボトナル法）」鎌田修、川口義一、鈴木睦『日本語教授法ワークショップ』pp.151-175 凡人社

[12] 金田一春彦（1955）「アクセント」『国学語辞典』東京堂 pp.6-11

- [13] 金田一春彦（1998）「共通語の発音とアクセント」『ＮＨＫ日本語アクセント辞典』日本語放送協会 pp.90-122
- [14] 小森法孝（1987）『日本語アクセント教室』新水社
- [15] 国立国語研究所（1984）『日本語教育のための基本語彙調査』
- [16] 国際交流基金（1978）『発音』「教師用日本語教育ハンドブック6」
- [17] 松崎寛、河野俊之（1998）『よくわかる音声』アルク
- [18] 松崎寛（2001）「日本語の音声教育」『コンピュータ音声学』おうふう pp207-258
- [19] 水谷修（1990）「アクセントとイントネーションの習得法」『講座日本語と日本語教育3 日本語の音声・音韻（下）』杉藤美美代子編、明治書院 pp.103-104
- [20] 森敏昭・吉田寿夫（1990）『心理学のためのデータ解析テクニカルブック』北大路書房
- [21] 望月八十吉（1974）『中国語と日本語』（中国語研究学習双書13）光生館
- [22] 日本語教育会（1991）『日本語教育機関におけるコース・デザイン』凡人社
- [23] 日本放送出版協会（1998）『NHK日本語発音アクセント辞典 新版』
- [24] ペタル・グベリナ（佐藤佳也子 訳）「外国語学習における身体の役割」クロード・ロベルジュ監修『ヴェルボトナル法実践シリーズ 第1巻 ヴェルボトナル法入門』pp.115-131 第三書房
- [25] 蔡全勝（1998）「中国人に見られる日本語アクセントの傾向」『日本語教育研究論』
- [26] 迫田久美子（2002）『日本語教育に生かす第二言語習得研究』東京アルク
- [27] 鈴木義昭（1984）「中国語と日本語教育」『日本語教育』55号 pp.59-69

[28] 朱春躍（1993）「中国語話者の日本語アクセントの習得―その特徴と指導上の問題点をめぐって―」『第7回大学と科学公開シンポジウム国際化する日本語-話し言葉の科学と音声教育』クバプロ　pp179-184

[29] 吉光邦子（1980)「外国人の日本語の実態　外国人の日本語のアクセント」『日本語教育』45号　pp.53-74

[30] 尤東旭（1998）「中国人日本語学習者によく見られるアクセントの問題点」『留学生センター紀要』

[31] 財団法人日本国際教育支援協会独立行政法人、国際交流基金（2003）『日本語能力試験問題と正解』凡人社

後書き

　本研究の実施および執筆にあたりましては、多く方々からご指導とご協力をいただきました。この場を借りて心から感謝の言葉を述べさせていただきます。

　まず何よりも、指導教官である吉田光演先生には、始終暖かく、細やかなご指導を頂きました。最後の最後までご面倒をかけ、研究実施に向けて多くのご助言とお導き下さいました。本当に有難う御座いました。

　次に、社会言語システムの山田純先生、井上和子先生、小林ひろ江先生、児玉功先生をはじめとする多くの先生方から、貴重なご意見を頂き、大変勉強になりました。心から感謝致します。

　さらに、同じ研究室の筒井友弥さん、田中雅敏さん、増田由佳さん、皆様の貴重なご意見やアドバイスに改めて、深い敬意と感謝の意を表します。そして、ともに悩み、ともに成長した同じ研究室の廖継莉さん、騰小春さん、本当にありがとう。

　また、貴重な時間を割いて、調査にご協力下さった被験者の皆様に心から御礼申し上げます。皆様のご協力の御蔭で、本研究の実施および執筆することができました。本当にありがとう。

　最後に、私の進学に対して理解を示し、献身的に支えてくれた夫の蔡奎協氏、並びに、私の留学に対して理解と協力をしていただいたご両親と兄弟の温かいご支援に心より感謝する。

　　　　　　　　　　　　　　　　　　　　　　　　　　崔春福
　　　　　　　　　　　　　　　　　　　　　　　　　　2024 年 11 月

后记

在本研究的实施和执笔过程中，我得到了来自各方的指导和协助。借此机会，我表示衷心的感谢。

首先，我的指导老师——吉田光演老师始终给予了我温暖而细致的指导。直到最后的最后我都给他添了很多麻烦，在研究的实施上他给了我很多建议和指引。非常感谢。

其次，社会语言系统的山田纯老师、井上和子老师、小林广江老师、儿玉功老师等多位老师给我提出了宝贵的意见，让我受益匪浅。衷心感谢。

另外，对于同一研究室的筒井友弥先生、田中雅敏先生、增田由佳女士以及各位提出的宝贵意见和建议，我再次表示深深的敬意和感谢。此外，我还要感谢与我一起烦恼、一起成长的同一个研究室的廖继莉先生、腾小春先生，真的谢谢。

同时，我要向抽出宝贵时间协助调查的受试者们表示衷心的感谢。多亏了大家的协助，本研究的实施和撰写得以完成。真的非常感谢。

最后，衷心感谢对我升学给予理解和支持的丈夫蔡奎协先生，以及对我留学给予理解和协助的父母和兄弟姐妹的热情支持。

崔春福
2024 年 11 月